奇想天外だから史実

―天神伝承を読み解く―

髙島幸次

HANDAI Livre
053
大阪大学出版会

はじめに

世界の各地には、民族や共同体の始原的な成立についての「神話」や、その後に活躍した人々についての「伝説」が語り伝えられています。しかし、それらの多くが超自然的な出来事や、超人的な事績に彩られているために、ややもすれば「歴史」とは縁遠い、興味本位の作り話だとみなされてきました。

たしかに、神話や伝説といえば虚偽の印象が強い、それは「安全神話」や「都市伝説」のような造語をみればわかります。「安全神話」といえば、根拠のない恣意的な思い込みでしかなく、「都市伝説」といえば、すぐにばれる軽々しい嘘の代名詞でしかない、という具合にです。

しかし、本来の神話や伝説はそういうものではありません。各地に伝わる「創世神話」や「英雄伝説」などを読み解けば、そこに込められた深遠なメッセージが浮かび上がってくるものです。どんなに奇想天外な物語にみえても、そこには神謀《しんぼう》のコメントが隠れている、神話や伝説には真実が宿っているのです。

本書では、日本史上初めて人間を〈カミ〉に祀り上げた天神信仰にまつわる伝承をテキストにしました。それは、祭神《さいじん》である菅原道真の「伝説」、および天神信仰の成立と天神の神格についての「神話」的な物語からなりますが、以下ではそれらをまとめて「天神伝承」と呼ぶことにします。

天神信仰が成立したのは平安中期のことでした。日本神話の成立から大きく遅れて、新参の〈カミ〉として登場した天神が、先行する八百万《やおろず》の神々を凌駕して伝播・浸透するには、すぐれて魅力的な天神伝承が必要でした。話の口ぶりを換えれば、日本神話が国の成り立ちを〈物語る〉のに対して、天神伝承はその成立の由来や正当性を〈主張する〉ものだったのです。前者が〈説明〉だとしたら、後者は〈説得〉だといえばわかりやすいでしょうか。

全国に約八万社あるという神社を祭神別に分類すると、第一位が八幡信仰系（八幡宮・八幡社・若宮神社など）の七、八一七社、第二位が伊勢信仰系（神明社・神明宮など）の四、四二五社、第三位が菅原道真＝天神を祀る天神信仰系（天満宮・天神社など）の三、九五三社で、以下に稲荷信仰系、熊野信仰系が続きます（『全国神社祭祀祭礼総合調査』、一九九五年）。

本書では、平安中期に新しく現れた天神が、日本神話の神々を抑えて堂々の第三位に躍進した原動力は、その魅力的な天神伝承にあったと考えています。天神伝承は、ストーリーとしての面白さだけではなく、そのプロットやファクターも、それを伝播・浸透させる力を備えていました。一読しただけでは奇想天外、荒唐無稽の物語ですが、真摯に読み解けば、そこに込められた作者（複数の合作者や、数世代にわたる改訂者を含む）の語る史実が浮かび上がってくるのです。

このような天神伝承に込められたメッセージに耳を傾け、そこから史実を紡ぎ出す面白さを伝えることが本書の目的です。天神信仰や天神伝承そのものについて語るとともに、神話や伝説を読み解く面白さをお伝えしようとしています。

序章では、天神伝承を考える前提として、わが国における混沌とした神仏習合の風土のなかから全く新しい〈カミ〉として天神が生まれたこと、その成立期には反国家的な祟り神であったことなどを確認します。

第一章では大阪天満宮の創祀の事情を伝える「七本松伝承」をテキストとし、北野天満宮の「千本松伝承」と比較しながら、天神信仰が大将軍神の星辰《せいしん》信仰を土壌に成立したことを明らかにします（「星辰」とは日・月・星をいいますが、今は星の神秘性を崇める信仰だと理解ください）。また、平安京周辺の植生が照葉樹林から針葉樹林に変化したことを背景として、〈松〉をシンボルとする成立期天神信仰の非神道的性格を浮かび上がらせます。

第二章では、京の梅が太宰府に飛んだ「飛梅伝承」と、天神自身が中国に飛んだ「渡唐天神伝承」をテキストとして、従来の〈松〉に代わって〈梅〉が天神の新しいシンボルになった経緯を探ります。その過程で、両伝承を生み出した時代には、安楽寺（太宰府天満宮）と北野天満宮の相克があり、そこに藤原氏と菅原氏、山門（延暦寺）と寺門（園城寺）、さらには禅宗までをも巻き込んだ、中世の聖俗コスモロジーのなかに、天神信仰を位置づけます。

第三章では、「鶏」と「牛」と「柘榴」に関わる三種の伝承がテキストです。まず「道明寺鶏鳴説話」の検討によって、天神信仰において鶏が忌避されたことの意味を、中国における「鶏身の雷神」をヒントに読み解きます。次に、天神の使獣とされる「牛」については、古代の「土牛童子」を視野に入れることによって疫病との関わりがみえることを紹介します。最後に、道真が口に含んだ柘榴《ざくろ》を吐き出すと燃え上がったという「柘榴天神伝承」について、もともとは柘榴ではなかったという仮説を提示します。

付録として、『天満宮御絵伝』五幅（大阪天満宮蔵）を写真で紹介するとともに、その四二場面の簡単な説明を付しています。本書でたびたび引用する「天神縁起絵巻」の類本ですが、末尾の五場面は大阪天満宮独自の由来に基づいて描かれています。

なお、史料や文献の引用に際しては、旧仮名遣いを新仮名遣いに変えるなど、文意に影響のない範囲でわかりやすい表記に改めました。それでも、史料は苦手という読者のために、引用箇所のすぐ後にできるだけ意訳を示しましたので、引用史料を読み飛ばしても文脈をたどれるように心がけたつもりです。

では、奇想天外な天神伝承の世界をお楽しみください。

目次

第二章 飛梅伝承と渡唐天神伝承 75

序章

神仏習合と天神信仰

蓮如筆「天神名号」（大津市・本福寺蔵）
鎌倉の荏柄天神にある親鸞筆の「天神名号」を蓮如が写したものという（右下の署名「鶴満丸」は親鸞の幼名）。

一　神仏習合の風景

天神伝説を読み解くには「神仏習合」の宗教風土からみておく必要があります。宗教や信仰はその成立の経緯によって、「民間信仰」と「創唱《そうしょう》宗教」に大別されます。もちろん、個々の宗教や信仰は、この分類に従うべくして成立したものではありませんから、あくまで便宜的な区分でしかない。それでも、宗教や信仰を学ぶ時には有効な視点を与えてくれることもまた事実なのです。

そこで、私は大学の講義などでその違いを説明するために、次のような発問をして学生の即答を求めることがあります。

浄土真宗の開祖は親鸞です。では、天神信仰の開祖は？

実直な学生は急かされるものですから、焦って「菅原道真！」と答えます。天神信仰は道真の没後半世紀も経ってから成立したのだから誤答でしかない。しかし、講義の進行上は有難い学生です。私はシメシメと思いながら、その正誤には触れずに、すぐさま次の質問を発します。

浄土真宗の本尊は阿弥陀仏です。では、天神信仰の祭神は？

ここで、先程の学生を含む多くの学生が、この両信仰の違いに気づくというわけです。いうまでもなく、天神信仰の祭神は菅原道真＝天神です。

釈迦の仏教や、イエスのキリスト教のように、開祖が教義を説き、その教えのもとに信者が集まって教団を形成するのが「創唱宗教」とされます。親鸞の開いた浄土真宗も創唱宗教です。それに対して、中国の道教や、わが国の神祇信仰のように、民衆の間から自然発生的に起こったものは「民間信仰」といいます。天神信仰も民間信仰の一種です。

世界中の宗教は、おおよそこの二種に大別されるのですが、あくまでも建前の分類です。本音の部分では、相互に影響し合って成立、発展します。他文化との交流を一切もたない社会でもない限り、そこに生まれる宗教や信仰は、成立の段階からほかの宗教・信仰の影響を受けざるをえない。特に、創唱宗教と民間信仰との接点では、その根源的な異質性ゆえに影響を受け合いやすい。わが国における神祇信仰と仏教の習合はその好例です。神社数で全国一を誇る八幡信仰さえも、後述するように、神祇信仰と仏教が習合して生まれた新しい〈カミ〉だったのですから。

現代の私たちが「神社」や「神職」からイメージする「神道」は、神祇信仰が仏教と習合したあとの姿です。それ以前の原始信仰においては、「神社」もなければ「神職」もいませんでした。わが国本来の神々は目に見えない存在であり、山や森や岩などの〈自然〉の奥深くに潜む存在でしたから、神職や神社を介在しないで神を感じたのです。

ここに〈自然〉というときは、英語の〈nature〉の訳語としてのそれではなく、〈人工＝art〉の対語としてのそれでもなく、敢えていうなら〈森羅万象〉に近い意味をもっています。〈nature〉の場合、神が人間と自然を創造したという理解のもとにありますが、わが国における原始信仰では、自然のなかに神

自然と宇宙の差異
高天原（天上の世界）の神々を「天神」、葦《あし》原中国《わらのなかつくに》（地上の世界）の神々を「地祇」と区別するのは、人々が地上の自然と天空の宇宙の差異を意識して以降のイメージでしかない。

も人間も含まれていたのです。

さらに、現代人の〈自然〉とも異なります。私たちが〈自然〉というとき、そこに〈宇宙〉は含まれませんが、原始の信仰においては、自然と宇宙の差異を意識することはなかったはずです。大気圏による境界はありえなかったのです。太陽も月も星も、山河も草木も、神も人間も鳥獣もすべて〈森羅万象〉の一部ですから、そこに存在の差異はなかった。ですから、神が宿るための建築や彫像などを造る発想は生まれようがなかったということです。

ところが、そこに仏教が伝来した。六世紀に百済の聖明王から仏像や経典を贈られた欽明天皇は、「仏の相貌瑞厳し、全《まった》ら未だ曾《かつ》て看ず」（『日本書紀』）といっています。「仏像の厳かできらびやかな気高い像容は、だれも見たことのない素晴らしさだ」という感じですね。荘厳な寺院建築と、そこに安置された金ピカの仏像や、諸仏・菩薩の曼荼羅の世界に接した人々は、大きなカルチャー・ショックを受けるとともに、強い魅力を感じたに違いない。

このような仏教の影響を受けた神祇信仰は、寺院建築にあたる神社建築や、仏像にあたる神像を作ることになります。さらには、仏教の精緻な教義に対抗するために、神祇信仰についても教義の体系化がはかられ（本来の神祇信仰に教義はなかった）、中世以降には伊勢神道や吉田神道などの神道的教義が整備されていきます。

このようにみると、現代の私たちがイメージする「神道」自体が神仏習合の結果なのです。そのため、仏教の影響を受ける以前の神祇信仰を、「古神道《こしんとう》」あるいは「原始神道」と呼んで区別することがあります。

もちろん、仏教も神祇信仰から多大な影響を受けています。たとえば、本来の仏教では霊魂の存在は認めない。しかし、仏教を広く伝播させるには、すでにわが国に定着していた神祇信仰における先祖供養にも配慮する必要がありました。もっとも、それより早くインドから中国に伝播した仏教は、儒教の影響下に先祖供養の要素を取り込んでいましたから、正確にいえば、その中国仏教がわが国においてさらに先祖供養の要素を色濃くしたというべきかもしれません。

江戸時代の仏教が葬儀を重んじ、「葬式仏教」と揶揄されたことはよく知られています。親鸞は自身の遺体を「賀茂河にいれて魚にあたうべし」（覚如『改邪鈔』）と遺言し葬儀の不要を説きましたが、その法流である真宗でさえ葬儀中心の印象を払拭できなかったのです。現代でも、仏教の主たる教えが先祖供養にあると考えている人は少なくないでしょう。しかし、そのような仏教こそが「日本仏教」であり、それを間違いだともいえない、神仏習合とはそういうものです。

このように、お互いに影響し合った仏教と神道との距離感についても、真宗を例に挙げると習合の実態がみえてきます。日本仏教のなかでも真宗は特に強く神祇との決別、つまり「神祇不拝」を説いた宗派です。しかし、中興の蓮如は天神信仰との接近をはかり、「南無天満大自在天神」という天神名号を揮毫していますし（本章扉の写真参照）、本願寺一〇世の証如も大阪天満宮に参拝し「百疋」を奉納しています（拙稿「戦国期の本願寺と天満宮―真宗の天神信仰観―」『日本の社会と仏教』永田文昌堂、一九九〇年）。

さらに、北野天満宮の「社記」には、建仁三年（一二〇三）に綽空《しゃっくう》（親鸞）が宗門弘布を祈願したという「願文《がんもん》」を伝えています。その信憑性はさておき、教義によって神仏を乖離させることは難しかったのです。

天神信仰との接近
北野天満宮の院家であった松梅院禅予の『神記』（北野天満宮蔵）や、連歌会所奉行を務めた猪苗代兼載の『兼載雑談』（大阪天満宮蔵）が、天神の本地を阿弥陀仏とするのは、真宗の天神信仰への接近を示すもの。

このように、神仏習合はわが国の普遍的な宗教風土でした。神社建築を有する「神道」も、先祖供養を行う「日本仏教」も、神仏習合の結果なのです。のちに明治政府が発した「神仏判然令（分離令）」は、このような神仏の混沌とした習合を解消しようとするものですから、それは無理無体な政策だったといわざるをえません。

二　反国家的な〈カミ〉

本書の主役である天神＝菅原道真も、神祇信仰と仏教の狭間に生まれた全く新しい〈カミ〉でした。「神」と書かずに〈カミ〉と表記するのはそのあたりの機微によります。本来の神祇信仰には、没後の人間が八百万の神々に並んで神になるという発想はありません。ところが、わが国に仏教が伝来すると、人間であるガウタマ・シッダールタが修行によって釈迦如来になったという驚天動地の発想が伝えられたのです。仏教の壮大な教義体系に圧倒されただけではなく、人間が仏になるという驚異の発想がわが国に与えた影響は極めて大きかったはずです。

人間だった菅原道真を新しい〈カミ〉として祀るというミッションは、この仏教の影響なくして絶対になかった。もちろん、天神は釈迦のように修行の末に自力で成仏したわけではなく、没後から半世紀も経ってから信仰化されています。ですから、道真を〈カミ〉に祀り上げる過程においては、仏教の説く仏のようにではなく、神祇信仰における神々のようにでもない、第三の〈カミ〉の道が模索され、試行錯誤されたに違いない。少なくとも、当初から予定調和的に、八百万の神々に並ぶ新しい「神」として道真を位置づけようという発想はなかったのです。

その意味では、「八幡大菩薩」も同じく試行錯誤の末の「神号」だったはずです。そして、神社数第一位の八幡神と第三位の天神は、ともにその成立期には、神仏習合のもとに生まれた反国家的な祟り神でした。第二位の伊勢信仰系は明治以降の国家神道下における積極的な勧請《かんじょう》数を含みますから、歴史的には、なんと一位と二位が神仏習合の反国家的な神だったということです。

八幡神《はちまんしん》は、天応元年（七八一）に朝廷から宇佐八幡宮に「八幡大菩薩」の神号が贈られて以降、全国に展開しました。その名のとおり「八幡＝神」と「大菩薩＝仏」の習合神ですが、九世紀中頃には、八幡大菩薩は応神天皇（誉田《ほむた》別命《わけのみこと》）の神霊だと理解されるようになります。そして、それは「宗廟として国家、天皇を護持するという顔ではなく、おそろしい反国家的な祟り神としての顔」をももっていたことが明らかになっています（飯沼賢司『八幡神とはなにか』角川ソフィア文庫、二〇一四年）。

八幡神の反国家的な顔は、道真の没後三〇余年後に起こった「平将門の乱」にも確認できます。なんと、八幡神と天神はタッグを組んで将門のクーデター政権を支援したのですから。

天慶元年（九三八）に東国を軍事制圧した平将門は、その翌年に「新皇」に即位しますが、それは八幡大菩薩＝応神天皇の霊からその位を譲られたものであり、その位記（辞令）を書いたのは菅原道真だというのです（『将門記』）。

習合神
東大寺の鎮守八幡宮（現在の手向山八幡神社）の御神体であった国宝「僧形八幡神坐像」（東大寺蔵）は、袈裟を懸け、右手に錫杖を執り、左手に数珠を繰るという、まさに習合神らしい像容で知られる。

平将門
（?～九四〇）平安中期の下総（千葉県）の武将。平氏の姓を授けられた高望王の三男・平良将の子。親族間の争いに乗じて関東に勢力を拡大し、京の天皇に対抗して「新皇」を自称するが、藤原秀郷、平貞盛らに鎮圧された。この乱は、同時代に瀬戸内に起こった藤原純友の乱と合わせて「承平天慶の乱」と呼ばれる。

王権に反旗を翻したクーデター政権に対して、八幡神と天神がお墨付きを与えた格好です。

現在では、天神については「学問の神」とされていますから、右のように反国家的な〈カミ〉であったといわれても納得しにくいかもしれません。しかし、以下において天神伝承を読み解くことによって、成立期の天神信仰が、現代とは異なる反国家的で、なおかつ非神道的な性格をもっていたことが明らかになるのです。

第一章

大阪天満宮の「七本松伝承」

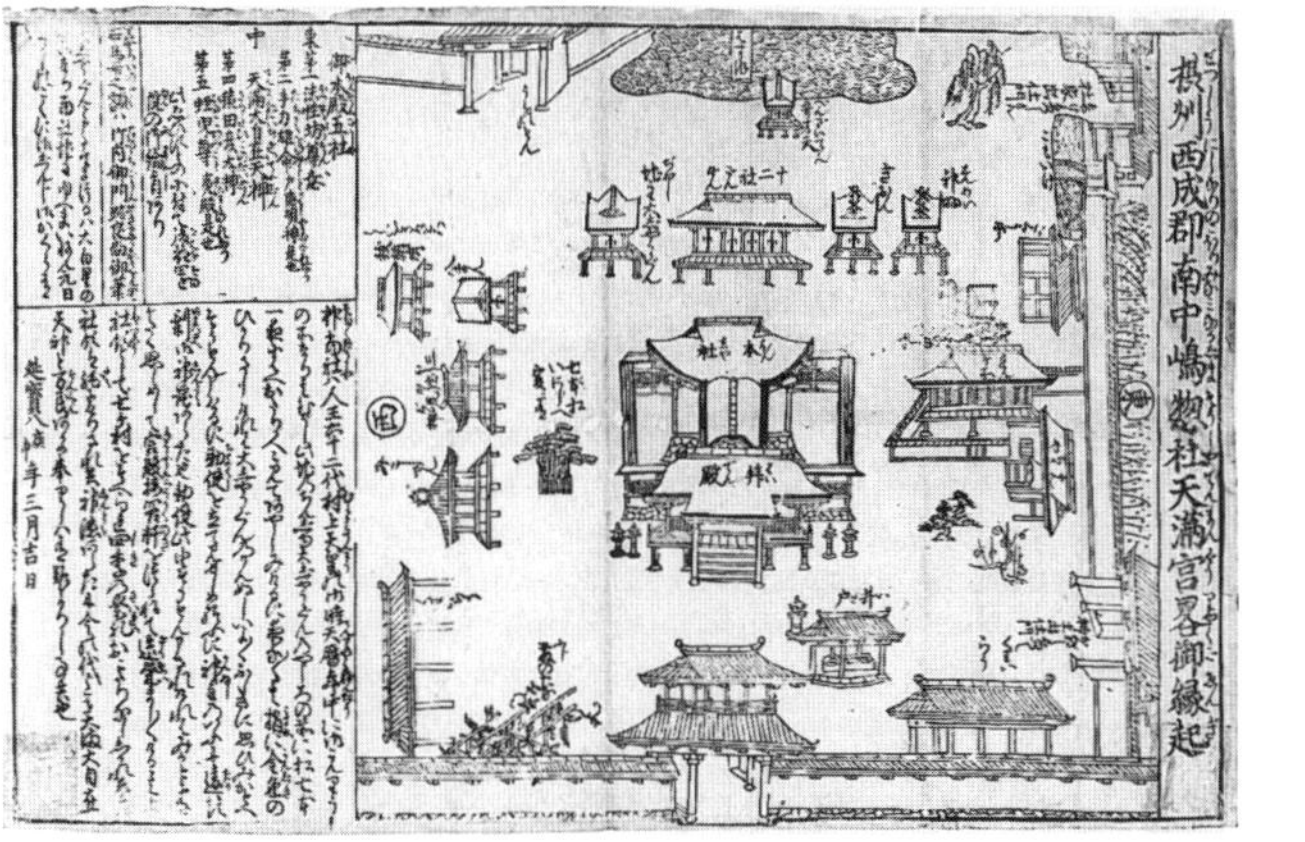

『摂州西成郡南中島惣社天満宮略御縁起』（大阪天満宮蔵）延宝八年（一六八〇）の年紀をもつ大阪天満宮最古の境内図。左方に「御本殿五社」「石鳥居之額」や「七本松伝承」について記す。

一　七本松伝承を読むために

1　テキスト「七本松伝承」

　では、いよいよ奇想天外な伝承を読み解く作業にかかりましょう。まずは、大阪天満宮（大阪市北区）の創祀を伝える「七本松伝承《しちほんまつでんしょう》」をテキストにします。

　同宮の創祀については、数種の伝承が伝えられますが、そのなかで最も古いのが、延宝八年（一六八〇）の『摂州西成郡南中島惣社天満宮略御縁起』（本章扉の図参照、以下『略御縁起』とも記す）に記された「七本松伝承」です。南中島惣社天満宮（＝大阪天満宮）は平安中期の天暦年中（九四七～九五七）の創祀を伝えますから、それから七〇〇年余も経った江戸前期の記録が「最も古い」といわれても、マユツバ感があります。

　しかし、以下の読み解きによって、「七本松伝承」のプロットは、同宮創祀期の古体を伝えるものであることが明らかになります。『略御縁起』から「七本松伝承」の全文を引用します。

そもそも当社は人王六十二代村上天皇の御時、天暦年中に御建立の所なり、その昔この地の鎮守・大将軍の社の前に松七本一夜に生え出たり、人々見て怪しみけるに、夜な〳〵その梢に金色《こんじき》の光差しければ、大将軍の神主、いよ〳〵不思議に思い、帝へ奏聞申しけるに、勅使を立て見せしめ給うに神主の云うに違わず、あまつさえ御神託灼《あらた》か也、勅使この由奏聞申されければ、帝も有り難く思し召して、宮殿楼閣軒を連ねて造営まし〳〵ける、そのうえ社領として七ヵ村を添えられ、四季の祭礼怠りなし、しかれども、今は社領は絶えにけり、されども、神徳灼に今の代迄も天満大自在天神と万民崇め奉りしは有り難かりし事ども也

延宝八庚申年三月吉日

すなわち、大阪天満宮は平安中期の天暦年中（九四七〜九五七）に創祀され

た。そのきっかけは、この地の鎮守である大将軍社の前に、一夜のうちに七本の松が生え、夜な夜な光り輝いたことだ。この奇瑞に驚いた大将軍社の神主が平安京の村上天皇に奏上すると、天皇は勅使を同地に遣わされ、それが事実であるとの報告を受けた。天皇は、この奇瑞を有り難く思われ、その地に天満宮の社殿を造営し、周辺の七ヵ村を社領として与えた。同宮では四季の祭礼を怠りなく斎行し、戦国期には社領は失ったが、その御神徳はあらたかで、江戸初期の延宝八年に至るまで「天満大自在天神」として人々の崇敬を集めている。

これが「七本松伝承」のすべてです。さきほど、この伝承は平安中期の古体を伝えているといいましたが、もちろん、その全文についてではありません。創祀を「天暦年中」とするのは、北野天満宮が創祀されたとされる天暦元年（九四七）に近づけようとする作為のようですし、村上天皇が宮殿楼閣を建てたというのも後世の増補です。しかし「大将軍社の前に七本松が生えたので天満宮を創祀した」という基本プロットは、以下に述べるように天満宮創祀期の古体のままなのです。伝承には、古体を伝えながら増補改訂を重ねるものと、古体を捨てて全く新たな伝承に生まれ変わるものとがありますが、七本松伝承は前者といえます。

2　神話リテラシー

一夜にして七本の松が生え、光り輝いたという、現実にはありえない、奇想天外な伝承を読み解くためにはいくつかの留意点があります。それは「七本松伝承」に限ったことではなく、世界中の神話や伝説を読み解くときにも必要な、いわば神話リテラシーです。いや、リテラシーというほどものではなく、いくつかのコツのようなものとお考えください。

ア　隠されたメッセージ

まず一つ目のコツは、一夜に松が生えるなんてありえないとか、松が光り輝くなんて非科学的だと切り捨てないこと。伝承を歴史として読み解くには、それが事実か否かを詮索することよりも、そこに隠されているメッセージに謙虚

天稚彦
『日本書紀』にみえる神（古事記では「天若日子」）。御伽草子『天稚彦草子』では、蛇の化身である天稚彦は長者の末娘と結婚するが、天上界へ行ったまま帰ってこない。娘は夫を探すため、西の京で買い求めた一夜瓢のツルを登って天上界へ向かい再会する。そこで天稚彦の父親は（中国の七夕伝承を踏まえて）、二人に一年に一度、七夕の夜にだけ出逢うことを許す。

に耳を傾けることが必要です。その作者が、どのようなメッセージを伝えるために、その物語を着想したのかに想いを馳せることが大切なのです。

「七本松伝承」のほかにも、一夜に木が成長したという類の伝承は、世界各地にみられます。イギリスの民話「ジャックと豆の木」では、庭に捨てられた豆は翌朝には雲より高く成長していました。わが国でも御伽草子『天稚彦草子』には、天稚彦《あめのわかひこ》の妻が夫に再会するために天界に登るときに利用した瓢《ひさご》は、その名のとおり一夜のうちに天まで伸びたと伝えます（一夜瓢伝承）。こうした神話的伝承は、時空を超えて人間の潜在意識に通底するようです。

ちなみに、宮崎駿監督のアニメ『となりのトトロ』にも同様の場面がありました。トトロが「プァー」と叫ぶと、地面から「ポン、ポン、ポン」とみるみる木の芽が生え茂る。神話や歴史に造詣の深い宮崎監督が、類似の伝承をヒントにされたものと推測しますが、これらの伝承を十把一絡げに非科学的だと裁断するのではなく、そのメッセージに寄り添わねばなりません。

このような神話的伝承を歴史とみるか否かについては、哲学者の今村仁司氏が次のようにいっています。

神話は歴史（知識としての）以前の物語であるとして、両者は対立させられてきたが、本当のところは、神話（ミュートス）は最初の歴史認識であり、歴史的人間の根源をいわば文学的に認識している。神話は、歴史と対立するというよりも、歴史の最初の形態であり、いわゆる歴史の根底にはつねに神話がある」（『貨幣とは何だろうか』ちくま新書、一九九四年）

歴史記述のあり方は、時代によって変化するものです。現代の科学至上主義に束縛されないで、神話や伝説に隠されたメッセージを受け止めなければなりません。今村氏がいうところの、文学的な認識によるアレンジによって、奇想天外な物語が生まれるのですが、その奥底にある歴史認識こそが大切だということです。

たとえば、「八岐大蛇《やまたのおろち》」を例にすれば、頭が八つの大蛇が村を襲ったという出雲地方の伝承をそのままに信じる人はいないでしょう。だからといって、そんな蛇がいるわけがないと一笑に付してはならない。それは出雲の山系から分流する八本の河川が氾濫して村を襲ったことを暗示するものではないかと慮ったり、火山から幾筋にも分かれて村に迫る火砕流のメタファーかと推測したりすることが大切なのです。ほかにも様々な解釈が試みられていますが、その正否はさておき、少なくとも伝承に込められたメッセージを読み取ろうとする姿勢は正しい。

蛇のメッセージといえば、かつて広島市にあった旧地名「八木蛇落地悪谷《やぎじゃらくじあしだに》」が思い出されます。同地では、平成二六年八月の豪雨によって土砂崩れによる大きな被害を出しました。「蛇落地」は、大蛇が暴れてこの町を滅ぼしたという伝承や経験知に基づく、土砂崩れの危険性を伝える警鐘地名でした。それなのに、のちに「八木上楽地芦谷《やぎじょうらくちあしや》」への改称を経て、現在は「八木三丁目」になっていた。「上楽地」の表記は本来の警鐘地名からは大きく遊離していますが、それでもまだ地名にメッセージを込める意識は残っていました。しかし「三丁目」は、たんなる順列でしかない。明治以降、地名に込められたメッセージを封殺して、無味乾燥な数字地名を採用した事例は数えきれません。

警鐘地名といえば、平成二三年三月の「東北地方太平洋沖地震」で大津波の被害を受けた宮城県名取市の海岸に「閖上《ゆりあげ》」の地名があります。伝説によれば、養老三年（七一九）に十一面観音像が揺り上げられたので「ゆりあげ浜」と呼んだという。しかし、貞観三年（八六九）のこととする伝承もありますから、同年の「貞観地震」を踏まえた津波に対する警鐘地名だった可能性も捨てきれないのです。

古代人は非科学的だから、奇想天外な話を妄信していたのだという見方は現代人の傲慢でしかない。古代人を見くびってはなりません。地名にさえ経験知によるメッセージが込められているのなら、「七本松伝承」のような興味深いプロットやファクターをもつ場合は、より周到な仕掛けが施されているに違いないのです。

もちろん、なんでもかんでも好き勝手に推測すればいいというわけではありません。たとえば、俵藤太《たわらとうた》（藤原秀郷）の伝説では、近江三上山《おうみみかみやま》を「七巻き半」する大ムカデが登場しますが、それを「鉢巻き（八巻き）」より少し短い、と解釈するのは洒落遊びでしかない（落語「八橋船」）。

間違った推測は、やがて、その仮説に不整合な史料で否定されます。正鵠を射た推測なら、やがて、その正しさを裏づける史料が発見されるものです。こ

俵藤太
（生没年未詳）
平安中期の武将、藤原秀郷のこと。九三九年に平将門の乱が起きると、翌年に平貞盛と協力して乱を平定した。御伽草子『俵藤太物語』では、龍神に頼まれて、三上山に巣くう大百足を退治したことにより、龍神の助けをうけて将門を討つ。

こに〈やがて〉というのは私の経験知によります。新たに仮説が立てられると、それまで等閑視されていた史料に照明が当たったり、新しい史料が発見されたりして、やがてその仮説が裏づけられます。反対に、既知の史料を読み直したり、新たな史料が見出されたりして、やがてその仮説が否定されることもあります。仮説とはそういうものです。

ところが、哲学者カール・ポパーが面白い命題を例示しています。私は仲野徹先生の『エピジェネティクス』（岩波新書、二〇一四年）によって知ったのですが、同書から引いておきます。

「カラスは黒い」という命題がある。この命題の正しさを証明するためには、いくらたくさんの黒いカラスを探し出してきても駄目で、理論の補強にはならない。むしろ逆に、たった一羽であっても白いカラスを見つければ、そのたった一つの単称言明によって、「カラスは黒い」という普遍言明は退けられるのである。

カール・ポパー
（一九〇二〜一九九四）
イギリスの哲学者。科学と非科学の境界基準として「反証可能性」を提唱。科学的な理論は常に反証に対して開かれていなければならないと説いた。

後段の「白いカラスを見つければ」には、だれも異論がないでしょう。しかし、前段の「たくさんの黒いカラスを探し出してきても」は如何？　少なくとも、歴史学において史料解釈の仮説を立てた場合、「いくらたくさんの黒いカラスを探し出してきても駄目」といわれると困ってしまう。その矛盾を証明する史料が出ない限りは、「たくさんの黒いカラス」すなわちそれを証明する史料を提示すれば、妥当な仮説として論を進めることになります。実験による証明が可能な分野と、限られた史料に内包されている史実を読み解く分野の違いなのですが、今はこれ以上の深追いはせず、先に進みましょう。

イ　喪失した知識

奇想天外な伝承を読み解くための、二つ目のコツ。それは、伝承が創作された時代に周知であった知識（特に伝承を読み解くのに不可欠の知識）が、必ずしも現代にまで受け継がれているとは限らない、と意識することです。現代社会が共有する知識は、社会の進歩とともに着実に上積みされ続けていると誤解されがちですが、それはない。反対に、社会の進歩に伴って、厖大な知識・智恵が失われ続けているのです。

私たちが伝承のメッセージを読み取れないとしたら、それは伝承がデタラメだからではなく、伝承を生み出した時代における知識や経験が、現代の私たちに伝わっていないためではないかと疑ってみるのです。

現代にまで伝わり広まっている伝承の多くは、〈だれが、どこで、何をした〉と説くのが一般的です。仏教寺院の創建伝承なら、昔むかし開祖が〈中興でもいい〉、この辻で説法したとか、池の水を飲んだとか、岩に腰掛けたというような類です。その由来によって同地に寺院が創建されたと説明されれば、だれもが受け入れやすい。

天満宮の場合なら、開祖はいないので、祭神の天神＝道真が、どこで何をしたと説けばいいのです。道真が船で太宰府へ向かう途次《とじ》にその地に上陸し、艫《とも》綱《づな》の円座に座ったという「綱敷天神伝承」は、瀬戸内沿いから九州にかけて散在しています。〈道真が、ここで、座った〉というのですから、天満宮の創祀伝承としては納得しやすい。

綱敷天神伝承
道真が綱の円座に座ったという伝承は、大阪市北区、神戸市東灘区と須磨区、高松市、今治市、福岡県福岡市と築上町などの綱敷天神社に伝わっている（一一六頁に写真）。

ところが「七本松伝承」の場合は、〈大将軍社の前に七本松が生えたから、天満宮を創建した〉というもので、肝心の道真の名さえ出てこない。そのため、大将軍社の前に七本松が一夜に生え、光り輝いたとしても、それがどうして天満宮の創祀につながるのか、が解らない。なぜ八幡宮や稲荷社ではないのか、そもそも、なぜ神社の創祀に帰結するのか、現代の私たちには理解不能です。

しかし、道真が登場しないからといって、天満宮創祀の説明になっていないと断じてはなりません。なぜなら、現代の私たちが「七本松伝承」に込められたメッセージを聴きとるために必要な知識を失ってしまった結果かもしれないからです。言い換えれば、この伝承が成立した時代の思考回路では、「大将軍社」と「七本松」は「天満宮」としっかり結ばれたのに、現代ではその回路が断絶してしまったのではないかということです。

ウ　現代からの視点

第三のコツというか留意点は、神話や伝説を読み解くときに、現代における価値観や、現代ならではの知識をどのように生かすかという問題です。これは神話や伝説に留まらず、歴史的、政治的にも極めて大きな課題です。たとえば、古代における奴隷制や、近代の戦争について、「当時の価値観」で正当化するのか、「現代の価値観」で批判するのかというようなことです。現実には、このような二律背反の対立ではなく、当時の価値観の限界と可能性を明らかにした上で（この作業には、現代の価値観が影響します）、その意味を考えなければならないのですが、今はそれを指摘するにとどめます。なぜなら、天神伝承の場合は、このような「価値観」よりも「知識」の扱いが問題になるからです。

現在の天満宮は〈学問の神〉としての崇敬を集めています。しかし、それをそのまま成立時の天神信仰にまで遡らせてはなりません。たしかに、北野天満宮創祀の約四〇年後に慶滋保胤《よししげのやすたね》は願文に「天神は文道の祖、詩境の主」と記し、大江匡衡《おおえのまさひら》も願文に「風月の本主、文道の太祖」と表現しています。「文道」は文学や学芸の道をいい、道真が文章博士であったことを踏まえた美称です。「風月」は風や月を素材に詩作することをいいます。ですから、これらの願文は、道真が文学や詩歌に優れたことへの敬意が込められてはいますが、現代にいう

慶滋保胤
（九三三〜一〇〇二）平安中期の漢詩人。陰陽道を家学とする賀茂氏の出身。文章博士・菅原文時（道真の孫）に師事し、詩文の才を称された。慶滋の姓は賀茂を訓で読み変えたもの。

大江匡衡
（九五二〜一〇一二）平安中期の官人・学者。文章博士。菅原氏に並ぶ学問の家系である大江家の学統を継ぎ、漢詩文に優れた。妻は歌人の赤染衛門。

ところの〈学問の神〉とは異なります。

保胤や匡衡が道真の才能にあやかりたかったことは否定しませんが、それでも当時の社会にはまだ「学問の神」を受け入れる素地はなかったのです。大阪天満宮の立地でいえば、近辺に小さな漁村が点在しただけですから、「学問の神」では地域が受け入れない。それが、広まり定着するのは、江戸時代の寺子屋の普及以降としておきましょう。

ちなみに、現代では天神を〈学問の神〉だけではなく〈受験の神〉ともいいますが、後者の表現は、実は団塊の世代の受験期、六〇年代後半の「受験戦争」を背景に広められたものです。このように神格は、時代の需要に合わせて変化するものですから、現代の知識を過去に遡らせることは控えなければならないのです。

その一方では、現代ならではの知識を活用することによって、当時の人々が気づいていなかった意味づけをすることも可能です。たとえば、日本神話にみえる天照大神が天の岩戸に隠れたため、昼間なのに真っ暗になったという伝承なら、それは日食や冬至による太陽光の減少によるものか（世界中に類似の神話がありますし、火山の噴煙や火山灰が空を覆ったことを意味するのかと推測するのはその好例でしょう。もし日食のメタファーだったとしたら、現代における知識を過去に適用して読み解くしかないのですから。このように、当時の知識に寄り添うか、現代の知識を生かすかは、悩ましいのですが、重要な問題です。

3 「七本松伝承」の改訂

さて、「七本松伝承」に戻りましょう。現代の私たちが「七本松伝承」の解釈にとまどうように、早く江戸前期においても、そのメッセージを読み解く知識は失われていたようです。そのため延宝八年（一六八〇）に『摂州西成郡南中島惣社天満宮略御縁起』が発行されて以降、大阪天満宮の創祀伝承は改訂が繰り返されます。まず、『略御縁起』からわずか二〇年後の元禄一四年（一七〇一）に刊行された『摂陽群談』では、創祀伝承を次のように改訂しています。

社家説きて云う、天満宮の権輿は、人皇六十二代、村上天皇の御宇天暦年中、この地〈往昔天満山と云う、大なる松原なり〉に於いて、一夜に生えたる松樹あり、その梢霊光赫々たり、人これを怪しみ、帝都に告げて遂に奏聞す、即日勅使を下し賜るに将に然り、その夕の神託に曰く、難波の梅を慕って筑紫よりここに来たりとなり、驚き覚めて洛に帰り、その由を奏して終に菅原の神霊を鎮め祭るの処なり

この改訂版では、天満宮の権輿（始まり）が天暦年中であること、一夜に松が生え光輝いたこと、天皇に奏上したことなどは、もとの「七本松伝承」を踏襲していますが、「大将軍社」や「七本」のくだりは削除されています。すでに、江戸前期には天神信仰と大将軍社の関係や、七本に込められたメッセージが読み解けなくなっていたのでしょう。その一方では、「松」については削除されていません。以下に明らかになる「松」のメッセージは当時はまだ読み解けなかったはずですが、それでも松が天満宮のシンボルであることの記憶により削除を免れたようです。

『摂陽群談』
江戸時代の摂津国（大阪府北西部、兵庫県南東部）の全域を扱った最も古い地誌。岡田溪志が一六九八～一七〇一年に執筆。一七巻一七冊。

その代わりに、太宰府に流された道真の霊が、難波の梅を慕って飛んできたという神託が加筆されています。当時、広く流布していた「飛梅伝承」（第二章参照）をヒントに「難波の梅」のくだりが増補されたのでしょう。そのほうが、〈天満宮＝梅〉の連想から、天満宮の創祀伝承らしくなると考えての改訂です。それにしても、難波の梅を慕ってきたから松が光ったというのは無理があります。しかも、〈天満宮＝梅〉のイメージが広まるのは、次章で明らかにするように、一二世紀末のことですから、『摂陽群談』が梅を加えて改訂したことにより、それが平安中期の古体でないことを吐露してしまっているのです。古体を引きずりながら改訂するのは難しいことなのです。

それでも、この無理のある改訂伝承は、天保一六年（一八四五）の『浪華天満聖廟之図』（大阪天満宮発行）にも受け継がれ、嘉永五年（一八五二）に再版もされていますから、江戸中期以降の天満宮公認の創祀伝承として定着したようです。

天満宮公認といえば、昭和三年（一九二八）に天満宮社務所発行の『大阪天満宮略史』では、さらに変化しています。

天保16年『浪華天満宮聖廟之図』（大阪天満宮蔵）

大阪の浮世絵師・松川半山（1818～1882）の図。半山は『摂津名所図会』の挿図も描いた当代の売れっ子絵師。「天保」は15年12月に「弘化」に改元されているから、16年は弘化2年のこと。

昔時、大将軍祠の神人、夜間灯を祠に上るに当り一松の上に霊光の輝くを見て之を異とし京師に奏聞し、朝廷勅使を差遣して之を験さるゝに菅公の霊勅使の夢に入り告ぐる所あり、勅使返り之を奏し、宮を営して、公を奉ずともいふ。又、村上帝の勅願に因るとも云ふ。

大将軍社の神主が、一松に霊光を見たので村上天皇に奏聞したところ（「難波の梅」の神託は削除）、天皇は勅使を遣わした。すると、道真の霊が勅使の夢に現れた。その報告を受けた天皇は、社殿を造って道真を祀った、というのです。

ここで「七本松」が「一松」になっているのは、やはり「七本」のメタファーが理解できなくなっていたからでしょう。天皇に霊光があったことを伝え、勅使がそれを確認して天満宮が創祀されたというくだりは踏襲されています。ここで「菅公の霊」を加筆しているのは、天満宮の創祀伝承らしくみせるための潤色です。

ところが、その三年後の昭和六年（一九三一）の大阪天満宮社務所発行『大阪府社　天満宮要覧』では〈松〉も〈梅〉も削除されてしまいます。

> 此地は都《と》我《が》野《の》と称し、孝徳天皇長柄豊﨑宮の旧域内にして皇宮四隅鎮護の社なりし、現在の摂社「大将軍社」の社地たりし大将軍の森に、霊光の奇瑞ありて菅霊の影向を知り、以て鎮祭せられたるものであった。

七本松伝承は換骨奪胎されてしまいました。代わりに「大将軍社」が復活し、その地の森に「菅霊の影向」としての「霊光」があったことが創祀の由来とされます。「皇宮」を鎮護する大将軍社については、当時の国体に望ましい伝承だとの判断による復活でしょう。ここで「大将軍の森に霊光」と表現したことで、本来の七本松の光に込められた「星辰信仰」のメッセージ（後述）も封じ込められてしまいました。

このように天満宮の創祀伝承は時代とともに揺れ動きますが、一九八六年発行の日本歴史地名大系『大阪府の地名』では、研究者の目線により、これまで

都我野
『日本書紀』では「菟餓野」、『古事記』では「斗賀野」と表記される地名。現在の大阪市北区兎我野町はその名残。

の伝承を次のように集約しています。

社伝によれば、孝徳天皇が長柄豊碕宮に遷都した際、皇城鎮護の神として奉斎したのが境内社の大将軍社で、当地は大将軍の森とよばれた。水陸の要衝の地でもあったことから、延喜元年（九〇一）道真が大宰府に向かう途中同社に参拝したこともあり、天暦七年（九五三）村上天皇の勅願で道真を祀る天満宮が同社境内に創祀され、大将軍の森は天神の森と称されるようになったという。

難波長柄豊碕宮《なにわのながらのとよさきのみや》の西北に大将軍社が創建され、のちに道真が参拝したことから、同地に天満宮が創祀されたというのですから、実にわかりやすい。天満宮の創祀年代については、七本松伝承では「天暦年中」だったのが、のちの社伝では右のように「天暦七年」と絞り、さらに現在の社伝では「天暦三年」に遡らせています。

こうして、だれが（＝道真が）、どこで（＝大将軍社で）、なにをした（＝参

大宰府と太宰府
律令制下の地方行政機関は「大宰府」、地名は「太宰府」と表記。よって、道真の左遷後の官職名は「大宰権帥」で、同地の神社は「太宰府天満宮」と表記する。

難波長柄豊碕宮
大化の改新に伴い、孝徳天皇が現在の難波宮跡公園（大阪市中央区）の地に営んだ日本最初の本格的宮殿。六五二年に完成し、六五四年に飛鳥《あすか》板蓋宮《いたぶきのみや》に遷宮したが、その後も六八六年に全焼するまで建物は存続した。七四四年に同地に聖武天皇が築いた宮殿「後期難波宮」と区別して、「前期難波宮」ともいう。

拝した〉という伝承の基本形にまとめると、現代の私たちにもわかりやすくはなりました。伝承は、その時代の人々の知識や思考回路で理解しやすいように改訂されていくものなのです。

誤解を恐れずにいえば、現代の私たちにとって理解しやすい伝承は、それだけ後世に改訂された可能性が高いのです。反対に、奇想天外で理解不能な伝承こそ古体を引きずっており、真実を宿している。逆説的ですが、「奇想天外だから史実」というのはそういうことです。

以下では、当初の「七本松伝承」に戻って、その主たるファクターである〈大将軍社〉〈七本〉〈松〉について、そこに込められたメッセージを読み解きます。

二　大将軍社のメッセージ

1　長柄豊碕宮の西北

延宝八年（一六八〇）『摂州西成郡南中島惣社天満宮略御縁起』には「七本松伝承」だけではなく、天満宮の境内図を掲げて数々の社殿を描いています（本章扉の図参照）。おそらくは、戦国期に焼失した社殿の復興を勧進するための木版だったのでしょう。ですから、ここに描かれた境内の様子がそのままに当時の姿だとはいえません。それでも、興味深いのは、本殿の西北、現在と同じ地に大将軍社を配し、その正面に七本松を描き、「七本松、いにしえ爰（ここ）に有」と注記していることです。

そして、大将軍社については「大将軍と申し奉るは太白星の精なり、当社地主ゆえ毎年元日丑の刻に御神事・御神

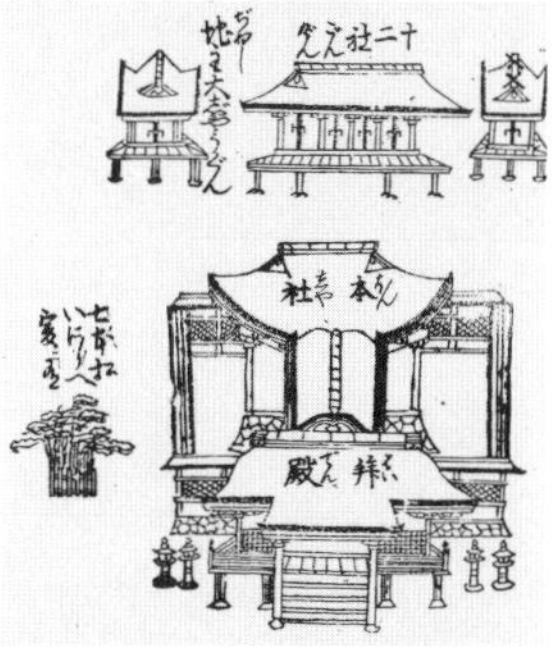

『摂州西成郡南中島惣社天満宮略御縁起』部分（大阪天満宮蔵）
本殿の西北に「地主大じやうぐん（将軍）」、西に七本松を描く。

楽あり」と注記しています。「大将軍」は「太白星の精」だというのです。「太白」とは古代中国の道教において重視された宵の明星、すなわち金星のことです（明けの明星は「啓明」）。太白は軍事を司る星神でした。わが国では陰陽道に取り込まれて、太白の精は大将軍神として祀られていました。「当社地主」というのは、大阪天満宮の創祀以前から、同地に大将軍社が鎮座していたことをいいます。この伝承により、現在でも大阪天満宮では毎年元日の「歳旦祭」に先立って、大将軍社で「拂暁祭《ふつぎょうさい》」を行い「租」と呼ばれる借地料を納めています。

大将軍社の創建についての史料四点を挙げておきます。

①上古浪花に皇居ありし時、四隅に鎮守し給うその一つなり

（『摂津名所図会』、寛政一〇年（一七九八））

②いにしへ長柄豊碕の皇居の四方にありしその一にして、すなわち南の方の社なり

（『摂津名所図会大成』、安政二年（一八五五））

③豊碕宮の東南にあたり、考徳天皇の白雉年中、該皇居の四方に大将軍を

祭られしその旧跡の一つなり　（『大阪府誌』、明治三六年（一九〇三））

④考徳天皇の白雉年間、難波長柄豊碕宮の巽位に祀り給いし鎮護神なり

（『大阪府全志』、大正一一年（一九二二））

①は、皇居の四隅のうちの一社が大将軍社だとしますが、その方角については触れていません。②では、①にいう「皇居」が「長柄豊碕宮」であるとし、方角も「南方」だと明記しています。③は、白雉《はくち》年中（六五〇～六五四）に同宮の「東南」に祀られたといい、④も「巽」すなわち「東南」の方角だといいます。

史実としては、長柄豊碕宮は「乙巳の変」後の政治改革（大化の改新）に伴う遷都により白雉三年（六五二）に完成しています。その所在地は長らく不明でしたが、昭和三六年（一九六一）に山根徳太郎博士の執念の発掘調査によって後期難波宮の大極殿跡が発見され、さらにその下層に前期難波宮＝長柄豊碕宮の遺跡が見つかっています。現在

難波宮跡公園（大阪市中央区）
昭和 29 年（1954）から始まった山根徳太郎博士らの発掘調査により現在地が確定された。前期難波宮と、後期難波宮の二層からなり、大極殿基壇が遺構表示されている。

の大阪城南方に位置する「難波宮跡公園」の地です。

現在、大阪天満宮の境内に鎮座する大将軍社は、この長柄豊碕宮からみれば西北方向にあたります。史料②の「南方」、③と④の「東南＝巽」とは反対方向です。しかし、ここでも、現代と過去の知識の乖離に配慮しなければなりません。現代の知識で間違っているから、②③④は信用できないと決めつけるのは拙速です。

長柄豊碕宮の所在地が確定されたのは、昭和三六年以降のことですから、①～④が記された時代には、まだ所在地は不明でした。いや不明というよりは、誤った推定地がありました。それは、現在の大阪市北区の地名「長柄」による推定地でした。『枕草子』や『古今集』に「長柄橋」が記されているように古い地名ではあるのですが、地名の同一性だけで推定したのが過ちのもとでした。ところが、明治二二年（一八八九）の町村制施行の際には、この推定を踏まえて「豊崎村」まで発足させましたから、「長柄」と「豊崎」の地名が隣り合い、「長柄豊碕宮」の故地であることを補強した感があります。そして、この地からみれば、大将軍社の方向はたしかに史料②～④のいうように、南、あるいは東南にあたるのです。

おそらく、大将軍社の所在地についての当初の伝承は、「長柄豊碕宮の四隅のうちの西北の社」という正しい情報だったのでしょう。しかし、いつの頃からか誤った推定地との整合性を考慮して、①では方向については明記しないように配慮し、②〜④では推定地を前提として南、東南に読み替えたと思われます。このように、間違った史料であっても、その当時の知識に立ち帰って読めば、そこから有為のメッセージを受け止めることができるのです。

2　道饗祭から大将軍社へ

史料①〜④に共通しているのは、その表現は異なるものの、宮都の四隅の一つに大将軍社が創建されたとすることでした。しかし、長柄豊碕宮に遷都された七世紀には、まだ大将軍信仰は広まっていませんから、正確には「長柄豊碕宮の西北で道饗祭《みちあえのまつり》が行われた故地に、平安中期になってから大将軍社が創建された」と解釈すべきでしょう。

道饗祭
現在も大阪天満宮境内の大将軍社の前では、毎年6月30日と12月31日に道饗祭が斎行されている。

ここで「平安中期になってから」と推定するのは、平安京が建設された後に、その大内裏の四隅の路上で年二回の道饗祭が行われ、やがてそのうちの西北の地に大将軍八神社《たいしょうぐんはちじんじゃ》（京都市上京区）が創建されたことを踏まえています。つまり、大阪の大将軍社の創祀は、京都の大将軍八神社の創祀伝承を仮借したものだと考えられるのです。このことについてはあとで再説することになります。

では、道饗祭とはどのような祭儀だったのか。室町後期の公家、一条兼良が応永二九年（一四二二）に著した有職故実書『公事根源』は次のように説明しています。

これは疫神の祭なり、毎年に必ず行わるべき事なり、近ごろは絶えて侍るにや、これも卜部の人、京城の四角の路にて、鬼魅の他方より来たるを京路に入ざらしめん為に、路上に供物を供えてまつるなり、鎮火、道饗の祭をば、四角・四境の祭とも申すなり

一条兼良
（一四〇二～一四八一）
室町後期の公家。関白・太政大臣。博学多才で有職故実にも通じた学者。「公事根源」のほかに「花鳥余情」「樵談治要」などの著書がある。

道饗祭は「疫神の祭」で、毎年六月・一二月の晦日に行われていたのが、室町後期には絶えたといいます。卜部（占いを職務とする神職）が京城（都）の東北・東南・西南・西北の四隅の路上に供物を供えて、「鬼魅」が都に侵入するのを防ぐ神事です。道路上で鬼魅を接待して、お引き取り願うということです。

『延喜式』の道饗祭の祝詞によれば、その鬼魅の侵入を防ぐために「八衢比《やちまたひ》古神《このかみ》・八衢比売神《やちまたひめのかみ》・久那斗神《くなどのかみ》」の三柱を祀って幣帛《へいはく》を奉るのです。それは、宮城の四隅の路上で行われる「四角祭」と、国境の（平安京なら山城国の四方の国境の）路上で行われる「四境祭」と、いわば二重の接待所が設けられたということです。そのため道饗祭は「四角四境祭《しかくしきょうさい》」ともいいます。

酒呑童子《しゅてんどうじ》説話を分析された高橋昌明先生は、道饗祭の行われる都の四隅のうちの西北について重要な指摘をされています。

大江山の酒呑童子の原像は、都に猛威をふるう疫神、とくに前近代日本の疾病中、最大の脅威であった疱瘡をはやらせる鬼神だった。（中略）四堺

『延喜式』
「養老律令」の施行細則。「弘仁式」「貞観式」のあとを承けて、九〇五年に編修に着手し、九二七年完成。施行は九六七年。

のうち「帝都の西北」の大江山がとくに問題になるのは、疫病が西からはやってき、また西北が気持ちの悪い風の吹く不吉な方向と見なされていたことによる。

（『酒呑童子の誕生―もうひとつの日本文化―』中公新書、のち中公文庫、一九九二年）

すなわち、種痘接種が普及する以前においては、都の人々にとって最大の脅威は疱瘡（天然痘）の流行であり、それは特に西あるいは西北から入ってくると考えられていたのです。ここに「西北」というのは道饗祭の方角ですが、「西」は酒呑童子の進入路であった平安京西方の大枝山（京都市西京区と亀岡市の境）を意識したものです。

長柄豊碕宮の西北、道饗祭の故地に、平安中期になってから大将軍社が創建されると、それに相前後するように（あるいは、同時に）、大阪天満宮が創祀されました。当時はこの付近には広大な松の森林が南北に広がり、その北方に大将軍社が、その四〇〇メートルほど南方に天満宮が鎮座しました。江戸時代

大将軍社（大阪天満宮境内）
社殿は南向きだが、石畳は南東に向かっている。かつては階段も同じ南東方向だったが、明治15年に少し正面（南）向きに直された。

の町名「北森町」「南森町」はその名残りですが、いまも南森町は地下鉄の駅名になっています。なお、江戸前期になると、大将軍社は天満宮境内の現在地に遷されます。大将軍社の遷座後に作られた『略縁起』が天満宮の境内に大将軍社を描くのは当然なのですが、そこに「七本松、いにしえ爰に有」と注記したのは、伝承地までも移動させたことになります。

かつての道饗祭では「八衢比古神・八衢比売神・久那斗神」の三柱を饗応しましたが、大阪天満宮境内の大将軍社では、これに「於富加牟津見神《おほかむつみのかみ》」を加えた四柱を祀り、毎年六月三〇日と一二月三一日には「道饗祭」を斎行しています。この地における道饗祭は、長柄豊碕宮の廃止によって途絶えたはずですが、大将軍社の創建に伴いその立地を意味づけるためにも「道饗祭」を再興する必要があったのでしょう。

興味深いのは、大将軍社が独自に「於富加牟津見神」を合祀していることです。この神は「桃の精」で「桃太郎」のモデルとされています。天神信仰の疫病退散と、桃太郎の鬼（疫病）退治が習合したことを踏まえてのことなのです。

現在、天満宮の境内には約三〇の末社《まっしゃ》が鎮座しますが、そのうち大将軍社だけは特別な由緒に配慮して摂社《せっしゃ》と呼ばれます。そして、本殿をはじめ大将軍社や末社の祠の大半は「天子南面す」の思想に従って、基本的に南向きに建っていますが、大将軍社に参拝する石段・石畳だけは西北方向に進むように斜めについています。大将軍社が長柄豊碕宮の西北に位置したことを伝えるための工夫なのです。

次に大将軍神の神格をみます。室町時代の公家・賀茂在方が応永二一年（一四一四）に著した『暦林問答集』によれば、大将軍神は、陰陽道で方位をつかさどる「方伯の神」、つまり方除《かたよ》けの神だというのです。

本来は「西方の星」ですが、三年ごとに天空の四方を移動しながら一二年かけて一巡すると考えられていました。もちろん、西から始まり、南・東・北へと三年ずつ留まって断続的に巡るのではありませんが、一二年で一巡すると考えていたことに意味があります。なぜなら平安時代の人々は、疫病も一二年サ

『暦林問答集』
暦に注記される歳月日時、方角などの吉凶や、年中行事などについて解説した書。室町時代の公家・賀茂在方（?〜一四四四年）の撰。

イクルで大流行すると考えており、そこから、大将軍神は「四方」だけではなく「疫病」をも司る神だと考えるようになったからです。金星の天界運行の周期と疫病流行の周期の一致によって、新たな神格が追加されたというわけです（向居淳郎「大将軍八神社」『郷土資料』一巻八号、一九三九年）。

3　大将軍八神社と北野天満宮

長柄豊碕宮の西北に位置した大将軍社について考えるとき、看過できないのが、先に紹介した平安京の西北に位置する大将軍八神社です。同社の創祀については次のように理解されています。

おそらく、当社が平安京大内裏の西北角にあたることから、宮城の四隅で行われた道饗祭の祭場が神祠になったと思わ

大将軍八神社（京都市上京区）
創建当初は大将軍神を祭神とする「大将軍堂」だったが、江戸時代には「大将軍社」と呼ばれた。のち祭神は、素盞嗚尊《すさのおみこと》と、暦神の八将神に改められ、現在名に改称した。現在の祭神は、素盞嗚尊と、その御子神八柱。

れる。大将軍神は方除けや疫病除けの神として天皇、貴族から一般庶民に至るまで崇敬を集めた。

（日本歴史地名大系27『京都市の地名』吉川弘文館、一九七九年）

大将軍八神社は、平安京大内裏の西北に位置し、そこで行われた「道饗祭」の地に設けられたといい、しかも、その隣接地には北野天満宮が創祀されるのです。大阪天満宮の創祀伝承と見事に符合しています。どうやら、大阪天満宮の創祀伝承は、このシチュエーションに倣ったもののようです。長柄豊碕宮が白雉三年（六五二）、平安京が延暦一三年（七九四）の遷都ですから、前後は逆になりますが、平安遷都後の北野天満宮の立地を、一四〇余年以前の長柄豊碕宮の立地に仮借したということです。

この前後の逆転については、江戸時代の大阪の町人学者であった富永仲基が唱えた「加上《かじょう》」説に寄り道しないわけにはいきません。「加上」説とは、新しい学説や説話が生まれるときは、先発の学説や説話よりもより古い時代に根拠を求めるというものです。この操作によって、新しい学説や説話は信憑性をも

富永仲基（一七一五〜一七四六）江戸中期の町人学者。懐徳堂の創立者の一人である富永芳春（道明寺屋吉左衛門）の子。懐徳堂に学び、合理主義の立場から儒・仏・神を批判。近代的批判精神に通じる先駆的思想家だった。著書に『出定後語』など。

って受け入れられるのです。大阪天満宮の創祀も、北野天満宮より後発であることは当然なのですが、その代わりに由来を平安京よりも古い長柄豊碕宮に求めることで信憑性を増したのです。

さて、北野天満宮の創祀伝承をみておきましょう。まず、天慶五年（九四二）に西京に住む多治比奇子《たじひのあやこ》（文子）に、北野の「右近馬場に祀れ」という天神の託宣が下る。しかし、奇子は北野ではなく自宅の小祠に天神を祀ったため、天慶九年（九四六）に近江比良宮の禰宜・神良種《みわのよしたね》の子の太郎丸に再び託宣が下る。『北野天神御伝并御託宣等』によれば、北野の松の生えるところに祀れというので、良種は朝日寺の最鎮と相談していると、一夜のうちに松が「数十本」生えたという。

この伝承にはいささか未整理の感がありますが、それは北野天満宮を巡る勢力争いの影響なのでしょう。奇子と、良種・太郎丸と、最鎮は、それぞれの諸勢力を象徴する役割を果たしており、右近馬場が右近衛府に所属したことを考えると、それらも含めた勢力争いが、二度の託宣に影響しているのかもしれません。ちなみに、北野は、以前から「雷公」に五穀豊穣を祈願する祭祀の地で

雷公
雷神の異称。雷の俗称。天神信仰においては、天神の眷属神《けんぞくしん》とされ、清涼殿に落ちた雷は天神の眷属だったとする。能『菅丞相』では火雷神、『雷電』では雷神として登場する。

した。

この『北野天神御伝并御託宣等』は、北野天満宮についての最も古く信頼に足る史料とされますが、ここにみえる「数十本」の松は、鎌倉末期の『北野宮寺縁起取要』では「数千本」となり、以後「千本」に落ち着き、夜な夜な光り輝くことになります。現代の活字と違って、前近代には筆文字で書写を繰り返しますから、意志の有無にかかわらず、誤写は不可避ともいえます。

またまた寄り道で恐縮ですが、昔、とはいっても数十年前、最澄の『山家学生式』にある「照千一隅、此則国宝」について論争がありました。従来は「千」を「于」と解して「一隅を照らす、これすなわち国宝なり」と読まれていたのですが、『日本思想大系 最澄』（岩波書店、一九七四年）の校正を進めていた薗田香融先生が、この二字目は「于」ではなく、「千」であることに気づかれたのです。しかも、八世紀に書かれた「摩訶止観」の注釈書にみえる「照千里」「守一隅」が出典だというのです。この場合は「一隅を守り、千里を照らす」と読むことになり、これでは、従来の読みとは全く意味が変わります。この場合は、最澄の書き間違いではなく、後世の読み替え書き替えのようですが、筆文字では時々このようなことが起こるのです。

ただし、「数十本」から「千本」への変化は、意図的だと思われます。それは数十本よりも千本のほうが多くて立派というような単純な理由ではなく、以下に明らかにするとおり「千」にあるメッセージを込めるためだったはずです。北野天満宮と大阪天満宮の創祀事情を整理すると次のようになります。

《大阪天満宮》長柄豊碕宮の西北で道饗祭　→大将軍社　→七本松伝承
《北野天満宮》平安京大内裏の西北で道饗祭→大将軍八神社→千本松伝承

この見事な符合は、もちろん偶然の一致ではなく、北野天満宮の伝承に大阪天満宮が倣った結果です。ここで大切なのは、天暦元年（九四七）に創祀された北野天満宮の伝承を、天暦三年創祀を伝える大阪天満宮が倣う際に、三百年も遡った長柄豊碕宮（六五二～六五四年）の道饗祭の故地に適用したことです。宮都の西北という立地、そこで行われた道饗祭、その地に創建された大将軍の社、一夜に松が生え光り輝いたというプロットは、それをそっくり模倣する

千本松伝承と千本通
京都の千本通は、平安中期の修験者の日蔵（道賢）が冥府において、道真を左遷した罪に苦しむ醍醐天皇から「蓮台野（船岡山西麓の葬送地）に千本の卒都婆を立てる」（『山州名跡志』）ことを託された伝承による地名で、千本松伝承に通底する。

七本松伝承と七本松通
京都の七本松通は、豊臣秀吉の京都市街地改造に伴う道路開削時に「一株七本に分かれたる松」（『京町鑑』）があったことにちなむ地名で、天神信仰との関連は見出せない。

だけの深い意味があったのです。その意味を考えることは、北野天満宮も大阪天満宮も、なぜ道饗祭の故地に祀られた大将軍の神に隣接して創祀されたのか、さらには七本松伝承が、なぜ道真ではなく大将軍社を重視して説かれたのかという疑問を解くことにもなるのです。

三 「千」と「七」のメタファー

1 新しい〈カミ〉の創出

巨大都市・平安京の成立は、そこに住む人々に疫病流行に対する大きな恐怖を与えることになりました。自然環境による浄化作用が期待できる村の生活とは異なり、下水道などの衛生設備が整っていない都市に多数が集住したことで、疫病の不安が極度に高まったのです。なかでも、最大の脅威は「疱瘡（天然痘）」の流行でした。

朝廷は、平安京以前から宮都を守るために年二回の道饗祭を斎行してきましたが、平安京の成立による不安の高まりは、それで収まるものではありませんでした。人々は従来の神仏への祈願では飽き足らず、より強力な疫病退散の信仰を希求しました。それは、新しい〈カミ〉への期待といってもいいでしょう。

天神信仰が成立するのは、そのような時代でした。疫病や凶作などの天変地異が頻発し、道真を左遷した醍醐天皇の皇子が相次いで病死し、また御所の清涼殿への落雷によって道真の政敵らが死傷したため、それらの異変は道真の怨霊によるものと考えられたのです。

これより以前にも、政争の犠牲になった者の霊が災いをもたらすという怨霊思想によって、病の流行を怨霊の仕業だとする風潮はありました。それは貞観五年（八六三）の平安京の神泉苑で行われた御霊会をピークとして、それ以降も天変地異をもたらす怨霊への畏怖は鎮まることはなく、やがて道真の怨霊への恐怖が、天変地異から救ってくれる新しい〈カミ〉への希求と結びつき、道真を〈カミ〉とする天神信仰が成立したのです。

それは、無実の罪で左遷された道真の怨みを鎮めるとともに、従来の神々に勝る霊威をもった新しい〈カミ〉への期待を満たすものでなければなりませんから、必然的に道真の左遷を企図した藤原氏や、その命を下した醍醐天皇らが信仰する神仏とは異質な存在でなければならなかったはずです。

道真の没後まもない延喜五年（九〇五）に筑紫・安楽寺の境内に建立された廟は、まだ新しい〈カミ〉を想定したものではなく、当時一般的に行われていた追善供養の施設でした。やがて延喜一九年（九一九）には醍醐天皇の勅を奉じた左大臣・藤原仲平が道真の怨霊を鎮めるために社殿を造成しますが（のちの太宰府天満宮）、これとても未だ道真を新たな〈カミ〉として祀る施設とはいえないようです。

つまり、現在の天神信仰が神祇信仰の一部にみなされるからといって、当初から道真は八百万の神々に並ぶ〈神〉として祀り上げられたとみてはならないのです。のちに、天神信仰の勢威を恐れた朝廷や藤原氏らによって北野天満宮は成立し、道真は神祇信仰のうちに取り込まれて〈神〉となりますが、その過

藤原仲平
（八七五～九四五）平安前期の貴族。左大臣。菅原道真の左遷を画策した藤原時平の弟にあたり、醍醐天皇の勅命を受けて太宰府に下って、天満宮造営の奉行を務めた。

程では従来の神や仏とは異質の〈カミ〉が模索されたにちがいない。

この実在の人物を〈カミ〉として祀るという前代未聞のオペレーションの土壌を提供したのが、すでに疫病退散の神格を得ていた外来の大将軍神でした。北野天満宮や大阪天満宮の立地は、大将軍神によって伝えられた、星辰に疫病退散を祈る信仰風土の上に、天神信仰が生まれたことを物語っていたのです。この新しい〈カミ〉には、従来の神仏とは距離を置くスタンスが期待されたため、体制から排除され、不遇のうちに謫居《たっきょ》で死んだ道真こそが、そのシンボルにふさわしいとされ、祭神として据えられます。

道真が亡くなった太宰府が疫病の発生する地と認識されていたことも、道真が新しい〈カミ〉にふさわしいことを暗示したはずです。古く奈良時代の天平七年（七三五）に、大宰府管内の西海道諸国で疱瘡が流行し、山陰道、山陽道から平安京に迫る勢いをみせたため、聖武天皇はその街道上で道饗祭の斎行を命じましたが、天平九年に再び大流行し平城京にも大きな被害をもたらしています。このとき藤原四家の祖となる武智麻呂・房前・宇合・麻呂の四兄弟が相次いで病没し、その恐怖の記憶は長く伝えられました。

藤原四家
藤原不比等（六五九〜七二〇）の四人の息子、武智麻呂（六八〇〜七三七）・房前（六八一〜七三七）・宇合（六九四〜七三七）・麻呂（六九五〜七三七）が興した「南家」「北家」「京家」「式家」の総称。

さらには、天神信仰の成立後のことですが、正暦四年（九九三）に太宰府に発した疱瘡は、平安京にまで伝播し、平安時代最大の流行をもたらしています。こうした太宰府発の疱瘡については、当時の太宰府が中国大陸や朝鮮半島に向けた玄関口であったことに関わります。海外使節が来日時に滞在し、またわが国使節が帰国時に滞在したため、外来ウイルスによる発生源となる必然性をもっていたのです。そのような地に道真が左遷されたことは偶然でしかないのですが、このような偶然の後押しがあってこそ、伝説は広く流布されるものです。

これまでの研究史では、菅原道真の怨霊を恐れた人々によって、道真を〈神〉に祀り上げたと考えられてきました。怨霊への恐れが契機となったことは間違いありませんが、だからといって、当初から道真ありきの信仰だったとはいい切れません。むしろ疱瘡を代表とする様々な不安に応える新しい信仰の形成過程で、道真を祭神に据えたことで、その具体像がまとまったと考えるべきでしょう。何度もいいますが、当時の人々は実在の人間を〈カミ〉に祀り上げた経験がなかったのですから、この前例のない試みは、壮大な暗中模索、試行錯誤の末に、新しい〈カミ〉としての初期天神信仰を成立させたと考えるほうが自然なのです。

2　星辰信仰から「天満大自在天神」へ

これまでに天神信仰が大将軍社の星辰信仰をベースに疫病退散の〈カミ〉として成立したことを明らかにしてきました。

承徳二年（一〇九八）の年紀をもつ「難波往古図」も、大阪天満宮の周辺が、かつて星辰信仰の盛んな地であったという情報をもたらしてくれます。同図の信憑性には疑問もあるのですが、個々のディテールには無視できない情報も含まれています。同図には天満三池と総称する池が描かれ、その名は「明星池」「星合池」「七夕池」と、すべて星にちなむ池名をもっています（次頁参照）。

また、それに符合するように、寛政一〇年（一七九八）の『摂津名所図会』は、「明星池」の項に「むかしこの所に霊松ありて、菅公明星とあらはれ、その梢に降り、この池水に映り給うなりとぞ」という伝承を記録しています。天神が太白星＝明星の信仰を受け継ぐ信仰であることを物語る伝承として注目されま

『摂津名所図会』江戸時代の代表的な摂津の地誌。寛政八年（一七九六）・一〇年刊。秋里籬島著、竹原春朝斎ほか挿絵。九巻一二冊。

す。

このように天神信仰のベースに星辰信仰があることを踏まえると、道真の神号である「天満大自在天神」についても新しい解釈が可能となります。これまでの研究では、『天満天神託宣記』や種々の『天神縁起』にみえる「その瞋恚の焔、天に満ちたり」に準拠して、無実の罪で左遷された道真の瞋恚《しんい》（怒り）

天満三池（『難波往古図』部分の写、大阪天満宮蔵）
康正２年（1456）「河州雲茎寺什物」の識語をもつ『難波往古図』の系統に連なる写図は数多く、大阪天満宮にも 10 点近く所蔵され、本図はその一。

七夕池旧址
大阪市立堀川小学校（大阪市北区）校庭の南東に残る「七夕池」。この北方にあった「明星池」と、南方にあった「星合池」は今はないが、後者の池名は大阪天満宮の池に移して伝えている。

の焔が天に満ちる意味だと解釈されてきました。しかし、「瞋恚の焔」が天を満たすというのは違和感があります。これに対して、柳田國男は別の見解をもっていました。

天つ神という語にほぼ定まった意味のあったあの時代に、たゞ漫然とこのような美称を捧呈するはずはない。即ち現人神の形を以って、よく火雷の奇瑞を示したまうが故に天神であり、天上の威力を人間に行うこと常に意の如くであったから、大自在の名を以って称えざるを得なかったと解するほかはないのである。

（「雷神信仰の変遷」『定本柳田國男全集』第九巻、筑摩書房、一九六二年）

柳田は「瞋恚の焔」説を採らないで、火雷だから「天神」、その威力が意の如くだから「大自在」というのですが、「天満」の説明はなく、この理解も物足りない。

このほかにも、仏教では八臂《はっぴ》三眼《さんがん》（八本の腕と三つの目）の姿で白牛に乗る護法神を「大自在天」ということから、道真の神号を「天満・大自在天・神」と理解する見方もあります。「天神」を天と神で区切る落ち着きの悪い説です（この「大自在天」については、「第三章二　神牛伝承」でも再説します）。

いかがでしょうか、私にはどの理解もしっくりこない。しかし、以上に明らかになった星辰信仰の視点からみれば、「天満」すなわち「天に満ちる」のは「星」だとすぐに気づきます。「千本松」も「七本松」も夜に生えて夜な夜な光輝きました。古代の夜に輝くのは星に決まっています。光り輝いた「千本松」「七本松」は、実は星のメタファーだったのです。

では「千」と「七」は何か？「千」は数字の「千」というよりは「無数」と理解すべきでしょう。「千本松」は満天に輝く無数の星を意味したのです。そして、「七本松」は「北斗七星」でした。古代中国の伝承では、太白星（金星）は近くへの移動は北斗七星に乗り、遠出のときは鳳凰に乗ったといいます（「鳳凰」については「第三章一　道明寺鶏鳴説話」で再説します）。そういえば「七本松伝承」のなかに、天満宮の創祀にあたって「社領として七ヵ村を添えられ」とあったのも、北斗七星に響かせるためだったのです。

「天満」が天に満ちる星だとすれば、話は簡単です。「大自在」は自由自在に動く、つまり星の運行を意味したのです。すなわち、「天満大自在天神」は、「天に満ち、自由自在にこの世を思いのままに動かせる天の神」だったのです。疫病退散の〈カミ〉らしい神号です。少なくとも「瞋恚の焔」よりは説得力があるように思います。

神話や伝説には、この種のメタファーが散りばめられているのです。それは超越的な存在を信じるには、リアルな絵像や彫像よりは、抽象的であるほうが感得しやすいからです。仏教伝来以前の古神道が、自然に宿る神をイメージするだけで、神社や神像は作らなかったのは納得です。月面に人類が到達してしまった現代とは異なり、千本松や七本松の伝承が創られた時代には、夜空に光輝く星は、超越的な存在をイメージするのにふさわしかったのでしょう。

再び真宗を例に挙げますが、真宗では「木像よりは絵像、絵像よりは名号」(『蓮如上人御一代記聞書』)とされ、立体視できる彫像よりは平面の絵像が、ビジュアルとしての絵像よりは文字だけの名号が本来の信仰の対象でした。その名号さえも、理想は、文字で書かれた「南無阿弥陀仏」の軸ではなく、音として称える名号（称名）が理想だったはずです。考えてみれば、「阿弥陀」とはサンスクリット語で「無量」を表す「アミタ」のことで、その存在そのものがビジュアル化にはそぐわないものでした。

このように、超越的な存在は、実体のない星の光や、称名の音に託す方がふさわしい。清涼殿への落雷も、この文脈で理解できます。貴族たちが雨乞いの会議を開いていたとき清涼殿への落雷によって、かつての道真の政敵たちが死傷した事件では、稲妻を伴う雷鳴は、天神の超越的な存在感を示すのに格好のメタファーだったということです。

四　「松」のメタファー

1　照葉樹林から針葉樹林へ

以上のように、「千本」と「七本」が星辰信仰に基づいた「満天の無数の星」「北斗七星」のメタファーであるなら、では「松」は何を意味したのでしょう？ほかの樹木ではなく「松」でなくてはならなかったのか、それとも桜や梅でもよかったのかということです。

天神信仰と〈松〉の関わりを考えるには、『天満天神託宣記』に記された次の記事が重要です。道真自身が「私は松だ」と明言しているのですから。

我昔、大臣たりし時に、夢に松身に生ひて、即ち折れぬと見しかば、流さるべき相也、松は我が形の物なり我（道真）がむかし右大臣だったとき、自身が松になって折れる夢を見たが、それはやがて左遷されることの正夢だった、松は私（道真）自身なのだ、というのです。ところが、これまでの研究では、天神信仰と松の関係について深く論じられていません。たとえば、柳田國男は「植物によって新神の出現を表示する風習が、たま〳〵北野においては此形を採ったのでないかと思う」といいます（前掲「雷神信仰の変遷」）。新しい神の出現を植物で表現するという鋭い指摘をしながら、北野天満宮の松については「たま〳〵」だというのです。また、村山修一氏は、「千本松伝承」について「北野の地がもともと清浄な松林のあるところであったため思いつかれたのであろう」（『本地垂迹』吉川弘文館、一九七四年）と軽く流しています。道真が、私は松だといっていたにもかかわらず、松に込められたメッセージを読み取ろうとはしてこなかったのです。

しかし、高取正男先生の指摘によって、平安期の松がもつ重要な意味が浮かび上がってきます。

平安時代の初期と後期とでは、平安京をめぐる自然環境にかなりの変化が

高取正男
（一九二六〜一九八一）民俗学・日本史の研究者。京都女子大学教授。著書『神道の成立』では、民俗学の立場から神道の成立を八世紀後半に推定した。

あった。ひとくちにいうと、照葉樹森の後退とよびうる現象である。たとえば『本朝無題詩』巻六の末尾近くに収められている惟宗孝言の詩のなかに「正月春中四墉を閉し……門を鎖して賢木貞松に換ふ」の句があり、「近来の世俗、皆、松を以て門戸に挿す。而して余は賢木（榊）を以て之に換ふ。故に云ふ。」と自注している。現行の民俗でも正月飾りに松を使わず、ユズリハ、ツバキ、サカキ、ナラ、ホウ、タケ、シキミなどでしている例がある。

（『神道の成立』吉川弘文館、一九七九年）

天神信仰が成立した平安中期の前と後では、平安京周辺の植生が大きく変化したというのです。ここにいう照葉樹とはサカキやツバキのような、光沢をもつ葉の常緑広葉樹のこと、これに対して、松のように葉が針状の樹は針葉樹といいます。平安末期の官吏で漢詩をよくした惟宗孝言《これむねのたかとき》は、「最近は正月には松を門に挿す風俗が広まっているが、これは、本来の賢木（榊）を松に換えたものでしかない」と詠んだのです。現在の正月飾りの定番となっている門松は、平安中期に新しく現れたもので、それ以前は榊だったといいます。現在でも地

西王母・東王父
西王母は中国神話上の女の仙人で、その「よりまし＝依代（よりしろ）」は桃。のちに西王母に相対する東王父が語り始められると、その依代は松とされた。

方によってはユズリハ、ツバキなどの照葉樹を正月飾りとする例が報告されていますが、それは一般的な門松よりも古い習慣だということになります。

現在の関西地方ではシキミは葬式のお供えの定番ですから、大阪生まれの私などは、それが正月飾りに利用されるということに驚きますが、むしろ関西の風習の方が新しいというわけです。

では、このような平安期における榊から松への習俗の変化はなぜ生じたのか。高取先生は次のように説明されています。

松樹に聖性をみとめて尊重するのは中国の風で、西王母に対する東王父のよりましとみられたから、その影響もあったかもしれないが、用材伐採や燃料採取、焼畑耕作などで照葉樹の原生林の消滅したあとに松の疎林が生えるから、松を正月迎えのよりましにするのは、山を荒らしたあとの後次的な習俗とみられる。

「中国の風」というのは、不老長寿を求める神仙思想において、松が長寿のシンボルであったことをいいます。もともと、わが国において、常緑樹の松は神の依代《よりしろ》とされましたから、そこに中国の風が重なり、いわば「松樹信仰」が生まれていたのです。それは、能『高砂』が松によせて夫婦愛と長寿を寿いだり、能舞台が永遠不変の背景として老松を描くことにも通底します。

平安京への集住が進むにつれて、周辺の照葉樹が用材、燃料や焼畑のために切り倒され、そのあとに生命力の強い松が生え、その結果、正月迎えの依代も榊から松に換わったというのです。まさに榊から松に変化する過渡期に天神信仰は成立したのです。

高取先生のこのような植生への着眼の背景には、文化人類学者の中尾佐助氏や佐々木高明先生らによる〈照葉樹林文化論〉があります。また寄り道しますが、私がその論旨に初めて触れたのは、七〇年代の『石川県尾口村史』編纂のための現地調査でした。同『村史』の焼畑関係の項を担当された佐々木先生の調査団一行と同宿になったのですが、一週間ほどの調査期間中、毎夕食後に地酒を片手に佐々木先生のお話をうかがう贅沢な機会を得たのです。当時の私は日本史以外の文献に全く目配りできていなかったものですから〈照葉樹林文化

中尾佐助
（一九一六〜一九九三）植物学者。大阪府立大学名誉教授。照葉樹林帯における植生や生態系には日本との文化的共通点が多いことに着目し、「照葉樹林文化論」を提唱した。著書に『栽培植物と農耕の起源』（岩波新書、一九六六年）など。

佐々木高明
（一九二九〜二〇一三）民族学者。国立民族学博物館名誉教授・元館長。中尾佐助とともに「照葉樹林文化論」を提唱。著書に『稲作以前』（NHKブックス、一九七一年）、『日本文化の基層を探る』（NHKブックス、一九九三年）など多数。

論〉など目からウロコの話に興奮した記憶があります。このとき耳学問の大切さを学んだのです。

〈照葉樹林文化論〉に話を戻します。大雑把にいえば、インド北東部から中国南部を経て西南日本に至る地域に照葉樹林が広がっています。そこには多様な民族が居住しますが、照葉樹林帯特有の文化を共有していたというのです。その具体的な文化については、佐々木先生が『照葉樹林文化の道』（ＮＨＫブックス、一九八二年）で次のように説明されています。

この照葉樹林帯には多くの民族が住んでいるが、その生活文化のなかには数多くの共通の文化要素が存在する。そのことに、最初に注目したのが中尾さんである。ワラビ・クズなどの野生のイモ類やカシなどの堅果類の水さらしによるアク抜き技法、茶の葉を加工して飲用する慣行、マユから糸をひいて絹をつくり、ウルシノキやその近縁種の樹液を用いて漆器をつくる方法、柑橘とシソ類の栽培とその利用、麹（コウジ）を用いて酒を醸造することなど、がその主なものとしてあげられた（『栽培植物と農耕の起源』、上山春平編『照葉樹林文化』昭和四十四年）。しかし、何よりもこの照葉樹林地域の文化を特色づける点は、サトイモ、ナガイモなどのイモ類のほか、アワ、ヒエ、シコクビエ、モロコシ、オカボなど大量の雑穀類を栽培する焼畑農耕によって、その生活が支えられてきたことである。また、これらの雑穀類やイネのなかから数多くのモチ性の品種を開発し、モチという粘性に富むきわめて特殊な食品を、この地帯にひろく流布せしめたことも大きな特色だとされている。

ここに列挙される茶・イモ、絹、漆器、麹による醸造酒、イモ、アワ・ヒエなどの雑穀、焼畑、モチなどは、すべて私たちにはなじみ深いものですが、それらが照葉樹林帯に発した特有の文化だというのですから驚きです。

またまた寄り道しますが、宮崎駿監督のアニメ『もののけ姫』の世界観には明らかに照葉樹林文化論の影響がみられます。宮崎自身、中尾佐助『栽培植物と農耕の起源』（岩波新書、一九六六年）の書評で以下のように吐露しています。

読み進む内に、ぼくは自分の目が遥かな高みに引き上げられるのを感じた。風が吹きぬけていく。国家の枠も、民族の壁も、歴史の重苦しさも足下に遠去り、照葉樹林の森の生命のいぶきが、モチや納豆のネバネバ好きの自分に流れ込んで来る。(中略)ぼくに、ものの見方の出発点をこの本は与えてくれた。歴史についても、国土についても、国家についても、以前より自由に眺められるようになった。

(「呪縛からの解放」『世界』一九八八年六月臨時増刊号、岩波書店)

宮崎監督は、照葉樹林文化論に接して、歴史・国土・国家が「以前より自由に眺められるようになった」といいますが、本書の場合も「松」に込められたメッセージを読み解くヒントを与えられました。原生の植生が地域文化を規定するという照葉樹林文化論は、のちに様々な批判を受けますが、それでも、植生と文化の関わりへの着目は、七本松伝承を読み解くには欠かせない視座なのです。

2　神祇信仰と天神信仰

天神信仰成立の前と後では、平安京を巡る植生が照葉樹から針葉樹に変わったことに着目すれば、「千本松」「七本松」の創祀伝承が語られるのは、天神信仰が針葉樹林を背景に生まれた新しい信仰であることを示すためであったことがみえてきます。〈天神信仰＝針葉樹〉は、旧来の〈神祇信仰＝照葉樹〉に対するアンチテーゼだったのです。

神祇信仰が照葉樹林のなかから生まれたことは、足田輝一氏も指摘しています。

日本人の祖先はこの照葉樹林のあった大陸から渡ってきたものだろうし、私たちの農耕文化の多くも、この照葉樹林のなかで発生したものであったろう。

だから、日本人の原生の宗教であった神道も、この照葉樹林のなかから生まれてきたものではなかろうか。神事に用いられる植物を調べてみると、照葉樹林の草木が多く登場してくることも、それを物語っている。

足田輝一

（一九一八～一九九五）朝日新聞社出版局の週刊誌記者を経て『科学朝日』や『週刊朝日』などの編集長を歴任。著書に『木の文化誌』（朝日新聞社、一九八五年）など。

一例をあげれば、神事に必ず使われているサカキやヒサカキも照葉樹の仲間である。

（『樹の文化誌』朝日選書、一九八五年）

現在、神前に供える榊については、それが一年を通じて緑を保つ常緑樹であり、その生命の永遠性によることで説明されることが多いようです。事実、サカキ（賢木・榊）は、ツバキ科の榊だけではなく、常緑樹の総称でもあり、その永遠性のイメージは神事にはふさわしいのです。

しかし、平安京周辺の植生が照葉樹から針葉樹に切り替わる時代に成立した天神信仰は、同じ常緑樹のうちでも照葉樹の〈榊〉ではなく、針葉樹の〈松〉を採用したのです。従来の神祇信仰との距離感を示すために〈榊〉を避けたといってもいい。それは、天神信仰が〈神祇信仰〉とは異なる信仰であることの主張でした。成立期天神信仰が非神道的信仰だというのはこのことです。

こうした天神信仰と松の深い関係を踏まえて、松にちなむ伝承が各地の天満宮に生まれています。たとえば、曽根天満宮（兵庫県高砂市）では、道真が太宰府への途次に、この地に「我に罪なくば栄えよ」と植えたのが「曽根の松」

であり、のちに道真の四男菅原淳茂《あつしげ》がこの松の近くに父を祀ったのが同宮の始まりだと伝えています。

また南木菅原神社（福岡県福智町）では、道真が太宰府への途次に当地で休息し、境内に生い茂る松の木を見て「生い茂る　一木の松をこゝに見て　なおなつかしき　東風ぞふく」と詠じたという具合です。このような「松」の伝承は各地に広がっていますが、その背景には〈榊〉との相克がうかがえるのです。やがて、北野天満宮が朝廷や藤原氏の崇敬を受けるようになると、他神社と同じく天満宮の神事にも〈榊〉を用いるようになりますが、それでも〈松〉が天神信仰のシンボルであることは変わりませんでした。

最後に、天神信仰と神祇信仰との関係について再確認しておきましょう。先にも指摘したとおり、当初の天神信仰は、反国家的・非神道的な信仰として成立しました。現在、天神信仰は、八幡信仰や伊勢信仰、稲荷信仰など同じく〈神祇信仰〉を構成する一要素ですが、当初からそのスタンスで成立したと考えてはならないことはすでに指摘したとおりです。

現在、四〇〇〇社近いといわれる天神信仰系の神社のうち、代表的な神社を

菅原淳茂
（八七八～九二六）
平安中期の貴族。菅原道真の五男。道真の左遷に伴い、播磨国に遷されたが、赦免されて帰洛後は、大学頭、文章博士などを歴任し、侍読（天皇に教授する学者）も務めたという。

問われれば、多くの方が北野天満宮や太宰府天満宮を挙げられるでしょう。ところが、その両神社を同列に挙げることも、歴史学の立場からいえば疑問です。現在、天神信仰と一括りにされますが、次章で明らかにするように、創祀期の太宰府天満宮は「菅原道真信仰」の施設であり、北野天満宮は「天神御霊信仰」の施設でした。しかし、現在では道真を祭神とする神社は、北野天満宮、太宰府天満宮をも含めて同種の施設とみなします。

　さらにいえば、現在では天神信仰系とみなされる神社のなかには、もともと菅原道真を祭神とするものと、当初は少彦名命《すくなひこなのみこと》を「天神」として祀った神社（その多くは天神信仰成立以前の創祀）の二種があります。道真が「天神《てんじん》」として祀られる以前から、少彦名命は「天神《てんしん》」として祀られていました。このようにみると、現代の視座からではなく、過去の知識や常識で歴史をみることがいかに難しいかが解っていただけるかと思います。

　話を戻します。成立期天神信仰の反国家的な性格は、当時の国家体制と密接な関わりをもつのですが、その分析は本書の目的から離れますので、以下、義江彰夫氏の理解を紹介することに留めます。義江氏は当時の国家政策の転換を

少彦名命
『古事記』『日本書紀』のほか『風土記』『万葉集』などにも登場する神。その体躯は極めて短小で腕白者といい、大己貴《おおなむち》命《みこと》（大国主神の別名、あるいは前身という）と凸凹コンビで語られることが多い。

次のように説明します。

九世紀の王権は、富豪による貴族・寺社への土地寄進を最小限に押さえ、開墾地の世襲を認めた上で、公地として再編成し、班田収授の枠内に取り込もうとしつづけた。しかし、他面この動きが不可逆的な経済の流れであることを知った王権は、私営田経営をそのまま、王権の直轄財源のひとつに組み込む試みも、はじめていた。(『神仏習合』岩波新書、一九九六年)

律令体制の根幹をなす班田収授制が揺らいだため、宇多天皇(在位八八七〜八九七)・醍醐天皇(八九七〜九三〇)の時代には、班田収授制の維持をあきらめ、私営田領主化を王権の基盤に取り込む政策に転換したのです。この土地・租税の抜本改革は、多数の没落貴族や私営田領主の不満を生み出しました。没後の道真は彼らの不満も原動力となって反国家的な〈カミ〉に祀り上げられていくのです。義江氏の引用を続けます。

道真の配流と敗死は、まさにこの王朝国家の統治体制が出発するところで生じた。とすれば、彼の遺族や共鳴する没落貴族が、かつての御霊と同じように、密教僧の手で彼の怨霊をつくり出し、王権に不満を持つ中央・地方の膨大な人々に喧伝し、彼らの王権への不満と反逆を精神的に体現する存在に仕立て上げていったことは、もはや明瞭であろう。（前出『神仏習合』）

このような政治情勢に加えて、大都市・平安京の成立に伴う社会不安も考えなければなりません。平安貴族の華やかなイメージの強い時代ですが、その実は下水などの衛生設備が未発達な都市に一〇万人を超えて集住したのですから、農村に比べて飢饉や火災などに対する不安は大きく、なかでも、疫病の流行は最大の恐怖でした。その結果、新しい反国家的性格をもった〈カミ〉が、同時に疫病退散の願いにも応えたことは必然でした。

しかし、承平天慶の乱が鎮圧されると、新しい〈カミ〉の支持層も次第に王権に接近するようになり、天神も反国家的な性格から王権の守護神に変貌するとともに、従来の神祇信仰のなかに組み込まれていくのです。

第二章

飛梅伝承と渡唐天神伝承

飛梅（太宰府天満宮）
太宰府天満宮の本殿に向かって右手の白梅は、道真の歌に応えて、都から大宰府南館（道真の居宅跡。現在の榎社の地）に飛んできた「飛梅」を移植したものだという。

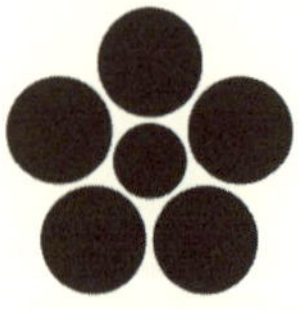

星梅鉢
（北野天満宮）

梅の花
（太宰府天満宮）

剣梅鉢
（大阪天満宮）

一般に天満宮の神紋は「梅鉢紋」とされるが、雄しべのない「星梅鉢」、雄しべを線で示す「梅の花」や、剣の形で示す「剣梅鉢」などのデザインがある。

一　菅公愛梅説

前章では、「七本松伝承」をテキストとして、平安中期に成立した天神信仰が、反国家的、非神道的な新しい〈カミ〉として成立したこと、それをシンボライズしていたのが〈松〉だったことなどを明らかにしました。

しかし現代の私たちは、天神信仰といえば〈松〉ではなく〈梅〉を思い浮かべます。各地の天満宮も、太宰府天満宮は「梅の花」、北野天満宮は「星梅鉢《ほしうめばち》」、大阪天満宮は「剣梅鉢《けんうめばち》（加賀梅鉢）」というように、神紋のデザインは少しずつ異なってもすべて〈梅〉のバリエーションです。ちなみに、道真の時代から菅原家の家紋が梅だったと説くのは間違いです。当時はまだ家紋そのものが生まれていなかったのですから。

『菅家文草』 平安中期、菅原道真の漢詩文集。道真が自身の作品を時代順に編集して、九〇〇年に醍醐天皇に献上した家集。漢詩四六八首と散文一六九編を収録。

『菅家後集』 平安中期、菅原道真が太宰府に左遷されて以後の作品を中心に編集し、死の直前に都の紀長谷雄《きのはせお》に贈った家集。正式名は『西府新詩』で、『菅家後草』ともいう。左遷前の漢詩七首と左遷後の三九首を収録。

現代に定着している〈天神＝梅〉のイメージは、本章で検討する「飛梅伝承」によって定着しますが、その前提とされるのが、生前の道真は梅が好きだったという「菅公愛梅説」です。「飛梅伝承」について考える前に、「菅公愛梅説」を検証しておきましょう。

「菅公愛梅説」の根拠とされるのは、道真の作とされる梅を詠んだ多くの漢詩文の存在です。道真の漢詩文については、自身の編になる私家集『菅家文草』一二巻と『菅家後集』が基本資料となります。『菅家文草』は九〇〇年の成立で、四六八篇の漢詩を収めます。『菅家後集』は、正式名を「西府新詩」というように西府（太宰府）へ左遷後の漢詩四六編を収録しています（九〇三年までに成立）。

両集に収録の計五一四篇のうち、梅を詠った漢詩は二四篇、これが多いか少ないかは見解の分かれるところですが、数からいえば桜・松・竹などはより多く詠われています。少なくとも、その歌数だけを根拠に「愛梅説」を主張するのは無理があるのです。

しかし『菅家文草』の最初と、『菅家後集』の最後の漢詩が、ともに〈梅〉

を詠みこんでいることに注目する向きもあります。『菅家文草』冒頭の五言絶句を上段に引用し、下段に読み下しを付しておきます。

月夜見梅花　　月夜に梅花を見る
月燿如晴雪　　月の燿きは晴れたる雪の如く
梅花似照星　　梅の花は照れる星に似たり
可憐金鏡転　　憐れむ可し　金鏡転じ
庭上玉房馨　　庭上に玉房の馨れるを

「金鏡」は月の異称です。「玉房」は先が玉のようになった房のことですが、この場合は咲き競う梅花をいいます。意訳すれば「お月さまの輝きは雪のようで、梅の花は光る星のようだ。なんて素敵な夜だろう、空にはお月さまが浮かび、庭には梅の花が漂っている」というところでしょうか。この詩に添えられた道真自身の注記によれば、これは一一歳の作で「予初言詩。故載篇首（これが私の最初の詩作だ。なので冒頭に載せておく）」といいます。

次に『菅家後集』の最後に載っている七言絶句を挙げます。

謫居春雪
盈城溢郭幾梅花
猶是風光早歳華
雁足黏将疑繋帛
烏頭点著憶帰家

謫居の春雪
城に盈《み》ち郭に溢れて　幾ばくの梅花ぞ
猶ほ是れ風光　早歳の華
雁の足に黏《でん》し将《も》て帛を繋げるかと疑ひ
烏頭に点著して家に帰らむことを憶ふ

さすがに道真の五九歳の作、難しい。「謫居」は左遷の地、あるいは同地の住居をいいます。第三句の「雁の足」は、前漢の蘇武（ＢＣ一四〇？～六〇）が匈奴の虜囚となった際に、雁の足に手紙を結びつけて漢帝に便りした故事を踏まえています。第四句の「烏頭」も、燕の太子丹（？～ＢＣ二二六）が奏の人質になった際、奏帝に「頭の白いカラスが現れ、馬に角が生えたら帰国させてやる」といわれたという故事によります。

意訳すると、「城（大宰府政庁）にも郭（外壁）にも咲き誇っているのはどれほど多くの梅花だろうか。やはり、これは歳の初めに咲いた花に違いない（本当は、春の雪なのだが）。雁の足に白いものがついているのをみると、故郷からの手紙が届けてくれたと思い、頭の白い烏をみると、故郷に帰ることを想ってしまう（しかし、それは雪を見間違っただけなのだ）」というところでしょうか。

　このように、道真の生涯の最初と最後の漢詩がともに梅を詠み込んでいることを深読みする向きがあるようですが、それは偶然でしかありません。この偶然が「菅公愛梅説」を補強したのは事実ですが、そこに道真の編集意図を認めることはできないのです。

「月夜見梅花」の注記で、この一一歳の詩作を最初だと記しますが、これより早く五歳の作とされる歌も伝わっており、そこにも梅が出てきます。「梅の花　紅の色にも　似たるかな　阿呼がほほにつけたくぞある」というものです（「阿呼」は「阿古」とも書き、道真の幼名だとされます）。もちろん『菅家文草』には載っていません。ちなみに、「飛梅伝承」の核となる「東風《こち》吹かば…」の有名な歌も、実は『菅家文草』には未掲載なのです。

以上のようにみてくると、「菅公愛梅説」を踏まえて「飛梅伝承」が生み出されたというよりは、むしろその逆に「飛梅伝承」が成立した後に、それを補強するために「菅公愛梅説」が生まれたと考えるべきでしょう。

ここで、伝承が広く長く伝えられる条件のようなものについてみておきます。菅公愛梅説は飛梅伝承から副次的に生まれたのですが、それを補強する根拠の一つとして、飛梅伝承の成立よりもはるかに遡って、道真の最初と最後の漢詩で梅が詠まれていたことを挙げていました。それは、単なる偶然でしかないのですが、その結果、生前の道真が特に梅を愛でたという「事実」から、飛梅の「伝承」が生まれたことになり、「東風吹かば…」の歌が道真の作であることには何の疑問を挟まずに流布したのです。先に紹介した富永仲基の「加上」がここにもみられます。

なお、梅の異名が「好文木《こうぶんぼく》」であることも、文章博士であった道真に相応しく、「菅公愛梅説」を助長したようです。「好文木」は、晋の武帝が学問に親しむときは梅が咲き、怠るときには咲かなかったという故事による称です。なるほど、学問の神様に梅を引きつけるのにふさわしい異名ですが、これも偶然でしかありません。このような偶然が重なるとき、その伝承は強みを発揮するのです。

二 「飛梅伝承」の変遷

1 「飛梅伝承」前史

では〈天神＝梅〉が広まるきっかけとなった「飛梅伝承」について、その一般的に広まった粗筋をみておきましょう。一般的に、というのはほかにも様々なバージョンが生まれているからです。まずは一般形から。

左遷を命じられた道真は、自邸「紅梅殿」の庭の梅に「東風吹かば　匂い

紅梅殿
京都市下京区の菅大臣神社と、その北側の北菅大臣神社の地は菅家の邸宅地とされ、それぞれに「白梅殿」「紅梅殿」の跡と伝えるが、もちろん後世の命名である。

おこせよ　梅の花　主なしとて　春を忘るな」と詠んで太宰府へ出立した。
その歌に感応した梅は、道真を慕って太宰府まで飛んだ。

この飛梅伝承は、数ある天神信仰のなかでも最も知られた伝承であるとともに、核心の「東風吹かば」の歌も歴史上もっとも有名な歌の一つになっています。その第五句については「春を忘るな」ではなく「春な忘れそ」と覚えている方も多いようですが、それについては後に説明します。

梅が京都から太宰府に飛んだというプロットは、一夜に松が生えたとか、夜な夜な光り輝いた伝承と同じく奇想天外な話です。今も昔も、この種の伝承に対しては「そんなことはあり得ない」と目くじらを立てる人がいるものですが、当時もいたらしい。飛梅について次のような「合理的」な解釈が試みられています。

(ア)　道真がまだ京の自邸にいるときに、梅の鉢植えを従者の白太夫《しらだゆう》に預けており、のちにそれを白太夫が太宰府の道真に届けた。

(イ)　道真の左遷後、その妻は道真宛の便りと庭の梅の分根を白太夫に託した。白太夫は太宰府の道真に届けるが、監視の目を欺くために「梅が飛んできた」と偽って伝えた。

「白太夫」とは、左遷された道真に随行して太宰府でその最期を看取ったという伝説上の人物ですが、伊勢神宮外宮の神職だった度会《わたらい》春彦に擬せられています。(ア)(イ)ともに、白太夫が運んだ事実をアレンジしたのが「飛梅伝承」だというわけです。鎌倉時代後期の外宮神職だった度会家行によって伊勢神道が集大成されて以降に、伊勢神道サイドで作られた解釈かと思われますが、あまり広まりませんでした。多くの人々が、京都から太宰府に梅が飛んだというプロットには、もっと深い意味が込められていることを予感していたからでしょう。

では、奇想天外な梅が飛んだという伝承はどのように読み解けばいいのか、そこに宿る真実とは何なのかを考えてみましょう。

「飛梅伝承」の基本文献とされるのは『北野天神縁起絵巻』（北野天満宮蔵）です。絵巻形式の天神縁起としては最古のもので「根本縁起」とされ、国宝に

度会春彦
（八六二～九四四）
伊勢神宮の神職。菅原道真に随行して太宰府に下り道真の末期を看取ったとの伝承があり、各地の天満宮の摂社・末社の「白太夫社」に祀られている。

度会家行
（一二五六～一三五一）
鎌倉末期の神道家。伊勢神宮の外宮の神職として、内宮（皇大神宮）より外宮（豊受大神宮）を優位とする伊勢神道を大成し、仏より神を上位とする「反本地垂迹説」を唱えた。

指定されています。その詞書のなかに「承久元年（一二一九）今に至るまで」とみえることから、ほかの天神縁起と区別して〈承久本〉と呼ばれます。〈承久本〉から飛梅伝承の箇所を引用しておきましょう。

住み慣れ給いける紅梅殿の懐かしさのあまりに、心なき草木にも、契りを結び給いける

東風吹かば　匂いおこせよ　梅の花　主なしとて　春を忘るな
桜花　主を忘れぬ　ものならば　吹き込む風に　言伝はせよ

さて、この御歌の故に、筑紫へこの梅は飛びまいりたちとぞ、申し侍るめる

この詞書によれば、道真は住み慣れ親しんだ「紅梅殿」を去るにあたり、心をもたない庭の梅と桜の木と契りを結ぶために「東風吹かば」と「桜花」の歌を詠んでいます。それに感応した〈梅〉は太宰府の配所まで飛びますが、なぜか〈桜〉は飛ばない。

第五句の「言伝はせよ」は、「開花したことを知らせて欲しい」というほどの意味です。これを「言伝て馳せよ」と解して「飛んで来い」の意味だとする説もありますが恣意的に過ぎるでしょう。〈桜〉が感応しなかった理由について〈承久本〉に説明はありません。

ところで、この梅と桜の二首は〈承久本〉が初見ではないのです。

まず〈梅〉の歌は、〈承久本〉から二〇〇年以上も遡った寛弘三年（一〇〇六）頃に成立した『拾遺和歌集』（巻第一六）に載っています。その詞書には「流され侍りける時、家の梅の花を見侍て　贈太政大臣」とあるだけで、梅が飛ぶ予兆はありません。梅の花を見ながら、京に残してゆく妻子を想って詠んだ歌（として道真に仮託された）とすなおに理解しておきましょう。

親しい人への想いを草花に託すことはわが国の文化です。奈良時代の市原王《いちはらのおおきみ》も「梅の花　香を芳《かぐわ》しみ　遠けども　心もしのに　君をしぞ思ふ」と詠んでいます。歌意は「梅花の香りが芳しく、遠くからですが、その香りのようなあなた様をいつもお慕いしています」というところでしょうか。梅香に愛しい女性を託しているのです。

贈太政大臣
九〇三年に菅原道真が薨去《こうきょ》すると、清涼殿への落雷などの天変地異が続き、道真の祟りによると考えられ、九九三年には正一位・太政大臣が追贈された。

市原王
（七一九？〜？）奈良時代の皇族。万葉歌人。天智天皇の玄孫（四代後）にあたる。『万葉集』に八首が入集している。

源経信
（一〇一六〜一〇九七）平安後期の公家・歌人。源道方の子。一〇九四年に大宰権帥に補任され、九七年同地で没（八二歳）。「小倉百人一首」では「大納言経信」。

次に〈桜〉の歌は、さらに古い天暦九〜天徳元年（九五五〜九五七）成立の『後撰集』に載っています。その詞書には「家より遠きところにまかる時、前栽の桜の花に結びつけはべりける　菅原右大臣」とみえます。「家より遠きところ」とは、いうまでもなく太宰府のことですから、左遷にあたって詠んだという設定は〈承久本〉と同じです。もちろん、ここでも桜が飛ぶ飛ばないという話はありません。

こうして、別々の出典にみえる〈梅〉と〈桜〉の歌が、のちに天神縁起に取り込まれてセットになるのです。では、いつ頃に「飛梅伝承」は成立したのか。一一世紀には成立していたという説があります。真壁俊信氏は、源経信の次の歌を根拠に、これ以前の成立を推測するのです（「飛梅伝承の発生」『天神信仰史の研究』続群書類従完成会、一九九四年）。

むかし道方卿に具して筑紫にまかりて、安楽寺に参りて見侍りける梅の花の、我が任に参りて見れば、木の姿は同じさまにて花の老木になりて所々咲きたるをみてよめる。

神垣に昔わが見し梅の花ともに老木《おいぎ》になりにけるかな　（『金葉和歌集』）

経信の父・源道方は、長元二年（一〇二九）に大宰権帥に任命され、当時一四歳だった経信を伴い赴任しました。この太宰府滞在中に経信は安楽寺（のちの太宰府天満宮）を訪れています。そして嘉保二年（一〇九五）、八一歳になった経信もまた父と同じく大宰権帥として筑紫に赴き、その翌年の春、六七年ぶりに安楽寺を再訪して詠んだのが右の歌なのです。

安楽寺の梅といえば、早く天平二年（七三〇）正月に大宰帥として赴任した大伴旅人も「梅花の宴」を催し、「わが苑に　梅の花散る　久方の　天より雪の　流れくるかも」の歌を詠んでいます。太宰府の（飛梅ではない）梅はすでに有名だったのです。

経信の歌の意味は「この神社で一四歳のときに観た梅は、八一歳の今の私と同様に老木になってしまったな」というところでしょうか。真壁氏は、この歌をもって「道真にまつわる梅の伝承が発生していたので、経信が、特別に注目した」と考えて、この頃には飛梅伝承が生まれていたと推測するのです。

源道方
（九六八～一〇四四）
平安中期の公家。一〇二九年に太宰府に赴任、一〇三五年に帰洛。

大伴旅人
（六六五～七三一）
奈良時代の公家、歌人。七二四年から大宰帥として赴任、七三〇年に大納言に任じられ帰洛。『万葉集』に和歌が七八首収録されているが、多くは太宰府における作品。

さて如何、私は経信の歌に飛梅を匂わせる語句が詠み込まれていないのだから、まだ「飛梅伝承」は成立していないと考えます。安楽寺に記憶に残る梅の銘木があったとしても、それだけで「道真にまつわる梅の伝承が発生」していると考えるのは無理でしょう。

このように同じ史料から、相反する解釈が生まれることが多々あります。それが片方の勘違いや読み間違いによるものなら、その過ちを正せば済むのですが、厄介なのは右のような推測の違いです。真壁氏は経験知によって「道真が薨じて約百二十年以上も経ているのであるから、そのような伝承がすでに流布していた、と見ても良いのではなかろうか」と主張されます。しかし、私は当時の天神信仰ではまだ〈松〉がシンボルとして定着していたことと、飛梅を思わせる表現がないことをもって「飛梅伝承」の成立には否定的です。

それが経験知の違いだというと非科学的に聞こえるかもしれません。一切の予断をもたず虚心坦懐に史料に向かい合うべきだといわれればそのとおりなのですが、それでは史料の深層に迫り切れないことが多いのです。

野球にたとえれば、打者は投手が次に投げるボールの球種について「山をかける」といえば非科学的ですが、「過去のデータに基づいて球種を絞る」といえば科学的に聞こえる。ヒットを打つためには「山をかける」「球種を絞る」ことは有効なのです。ただ、歴史学の場合は、経験知によって推測した後も、引き続いてそれを裏づける史料を博捜《はくそう》しなければなりません。

そこで、源経信と同時代史料を捜すことになります。すると、一〇八〇年ころの成立とされる『大鏡』に「東風吹かば」の歌が載っていました。その詞書は次のようにいいます。

みかどの御をきてきはめてあやにくにおはしませば、この御子どもをおなじかたにつかはさゞりけり。かた〴〵に、いとかなしくおぼして、御前の梅花を御覧じて

「みかど（醍醐天皇）」の「御をきて（処置）」が、「あやにく（生憎）」、すなわち思いのほかに厳しく、子どもたちを太宰府に連れて行けないため、道真はたいへん悲しく思い、梅を眺めながら詠んだのが「東風吹かば」の歌だという

のです。ここでも、まだ飛梅を思わせる表現はみえません。「東風吹かば」の歌の詞書でさえ「飛梅」について触れていないのに、安楽寺に印象深い梅があったというだけで、経信の時代に「飛梅伝承」が成立していたとみるのはかなり無理があるでしょう。

2 「飛梅伝承」の成立

では、飛梅伝承の成立はいつか。それをうかがわせる史料としては、治承年間（一一七七～一一八一）に平康頼が著した『宝物集』上（『続群書類従』第三二輯下）の次の記事が重要です。

コチフカハ　匂ヒヲコセヨ　ムメノ花　アルシナシトテ　ハルナワスレソ
其後此歌ニ依テ、彼梅、主ヲ慕ヒテ安楽寺へ飛ヒテ、彼所ニ生テ有トソイヘル

平康頼
（一一四六～一二二〇）平安後期の武士。後白河法皇の近習として仕えた。一一七七年の平家打倒の陰謀（鹿ヶ谷事件）に連座し、俊寛・藤原成経とともに鬼界ヶ島に流されたが、翌年には赦免されて帰洛し、仏教説話集『宝物集』（別名『康頼宝物集』）を執筆する。

ここでは、「東風吹かば」の結句（第五句）が「ハルナワスレソ（春な忘れそ）」になっています。これまでの引用史料では「春を忘るな」でしたが、この『宝物集』以後は、次第に「春な忘れそ」に変わっていきます。〈承久本〉に少し遅れて成立した〈安楽寺本〉『天神縁起』でも「春な忘れそ」を採用しています。「春を忘るな」から「春な忘れそ」への改変は、「飛梅伝承」の成立に伴うものと考えられます。子どもたちへの命令口調的な「春を忘るな」は道真の悲運を表すのにふさわしく、「春な忘れそ」は飛梅伝承の成立過程で梅に対する情緒的な願望にふさわしいからでしょうか。とにかく、これ以後は「春な忘れそ」が主流です。

重要なのは、ここに「主を慕いて安楽寺へ飛び」とみえることから、「飛梅伝承」の成立が確認できることです。この一二世紀末には「飛梅伝承」がそれなりに流布していたことは、元久二年（一二〇五）成立の『新古今和歌集』巻一九・神祇歌（『新日本古典文学大系』）に収録の歌にもうかがえます。

なさけなく　折る人つらし　わが宿の　あるじ忘れぬ　梅の立枝を

『新古今和歌集』
鎌倉前期の勅撰和歌集。全二〇巻。後鳥羽上皇の命により、藤原定家らが撰者となり、約一九八〇首を収める。

この歌は、建久二年の春のころ、筑紫へまかれりける者の、安楽寺の梅をおりて侍りける夜の夢に見えけるとなん

右の歌意は「無情に梅の枝を折る人がいるとはつらいことだ。主（＝道真）を忘れないでいる梅枝なのに」というところでしょうか。その詞書によると、この歌は建久二年（一一九一）春に筑紫にやってきた者が安楽寺の梅枝を折った夜に、夢に道真が現れて詠んだ歌だというのです。「安楽寺の梅」と聞けば、主を忘れない梅を連想するほどに「飛梅伝承」が流布していたことがわかります。

ここで注目されるのは、北野天満宮サイドの「北野天神縁起」から飛梅伝承が発生したのではなく、安楽寺で生まれた伝承が世間に流布した後に、「天神縁起」に取り込まれたことです。このことは、伝承の性格を考える際に看過できない重要な意味をもちます。

「北野天神縁起」の〈承久本〉は、数ある天神縁起のなかの最古の絵巻だといいましたが、実は絵を伴わない詞書だけの「天神縁起」なら、より古い〈建

久本〉と〈建保本〉があります。〈建久本〉は、建久五年（一一九四）に書写したという元奥書をもち、〈建保本〉は「建保（一二一三〜一二一九）のいまにいたるまで」という詞書をもちますが、両書ともに梅と桜の歌を載せていま す。〈建久本〉は、次のとおりです。

住み慣れ給いける紅梅殿の懐かしさのあまりに、心なき草木にも、契りをぞ結び給いける

東風吹かば　匂いおこせよ　梅の花　主なしとて　春を忘るな

桜花　主を忘れぬ　ものならば　吹き込む風に　言伝はせよ

かようの歌なんど書き留め給いたることこそ哀れには侍る

「心なき草木」に主（＝道真）を忘れないようにという心情を詠んだ二首には、「心ある家族」へのより強い想いが込められていることはいうまでもありません。ここに「飛梅」の気配がみえないことは〈建保本〉も同じです。建久・建保の頃には「飛梅伝承」はすでに成立していたはずなのに、その時代に成立した「天

神縁起」には未採用なのです。

その後、〈承久本〉「北野天神縁起」に至って「心なき草木」に対して歌を詠み「この御歌の故に、筑紫へこの梅は飛びまいりたちとぞ」と記すことになります。このことは、天神縁起にとって飛梅伝承は主要不可欠の伝承ではなかったことを示しています。それが何を意味するかに留意しながら、〈承久本〉に飛梅伝承が採用された背景を探りましょう。

3 「飛梅」と「枯桜」

〈承久本〉「天神縁起」では、先行の〈建久本〉と〈建保本〉から梅と桜の二首を引き継いだ上で、そこに「飛梅伝承」を付加しました。結果、「東風吹かば」の歌に応えて〈梅〉は飛んだのに対し、「桜花」の歌に〈桜〉は感応しなかったという齟齬をきたします。それなのに、桜が飛ばなかった理由については説明されない。ここでも「古体を引きずりながら、齟齬なく改変を行うのは難しい」と繰り返しておきましょう。

梅と桜の齟齬については、当時の人々も心地よくなかったらしく、たとえば〈安楽寺本〉「天神縁起」『続群書類従』では、初句（第一句）の「桜花」を「梅の花」に詠み替えています。二首ともに〈梅〉を詠んだ歌にしてしまったのですが、さすがにこの強引で不自然な改竄は広まりませんでした。

その一方で、桜は飛ばなかったために枯れてしまったのだ、という説明づけは当時の人々にしっくりきたようです。鎌倉中期に成立した『源平盛衰記』には「梅は飛び　桜は枯れぬ　菅原や　深くぞ頼む　神の誓ひを」の歌が載っています。これを源順の作とするのは年代的に遡りすぎて無理がありますが、梅と桜の対応の齟齬を一首にまとめた手腕はなかなかのものです。これ以降「桜は枯れた」という説明は広まり、江戸初期の『洛陽北野天神縁起』（『神道大系・北野』）では、梅と桜の二首に次の詞書を添えています。

哀れなるかな、梅は万里の波をしのぎて、安楽寺へ飛びてけり、桜は三春の風にも開かず、すなわち枯れにけり、飛梅枯桜とはこの時の事とかや

『源平盛衰記』
鎌倉中期の軍記物。『平家物語』の異本の一種で、一二世紀後半の二〇年余の源氏と平氏の興亡を描く。全四八巻。著者不明。

源順
（九一一～九八三）平安前期の歌人、学者。三十六歌仙の一人。日本最初の百科全書『和名類聚抄』の著者で、『後撰和歌集』の撰者。

「三春」とは「孟春・仲春・季春」の総称で、旧暦の一～三月です。梅は安楽寺（太宰府天満宮）に飛んだが、桜は春になっても咲くこともなく枯れてしまったといい、それを「飛梅枯桜《ひばいこおう》」と表現しています。うまいですね。

案外、梅と桜の剪定法の違いも、この伝承の背景にあるのかもしれません。現代でも「桜切る馬鹿、梅切らぬ馬鹿」というように、桜は幹や枝を切るとそこから腐っていくが、梅の場合は余計な枝を切ってやらないと翌年は花が咲かなくなるといいます。このような知識は「飛梅枯桜」を受け入れやすくしたに違いない。

草岡神社旧社家所蔵『天神縁起絵巻』は、「飛梅枯桜」にさらなる潤色を加えています。

哀れなるかな梅は万里の波濤を凌ぎて安楽寺に飛びてけり。桜は三春の風にも開かずして、すなはち枯にけり。春にあえども花咲かず、夏にあえども葉も茂らず、主を恋うる色、人倫にはなお勝れり。飛梅枯桜とはこの木のことなり。

こうして当初の梅と桜にみえる感応の齟齬を逆手に取った「飛梅枯桜」伝承が生まれたことによって、梅の忠義心がいっそう際立つことになったのです。伝承とは、このように、もっともらしく改訂されていくのです。いや正確に云うと、もっともらしく改訂された伝承だから末永く語り伝えられていくというべきでしょうか。〈安楽寺本〉「天神縁起」が「桜」を無理矢理に「梅」に読み替えたような、わざとらしい改訂版は広まらず、また語り伝えられもしないのです。

4 「飛梅」と「枯桜」と「追松」

飛梅伝承には、いま一つ大きな問題が残っています。それは、成立期天神信仰のシンボルであった〈松〉と、新たに取り込んだ〈梅〉との関係です。「飛梅枯桜」の説明で、梅と桜の感応の齟齬については解決されたとしても、古くからの〈松〉はどうなったのかということです。平安中期に天神信仰が成立して以降は〈天神=松〉が常識だったのに、新たに梅が定着するためには避けては通れない問題だったはずです。

そこで、室町末期の『天神絵巻』（天理図書館蔵、『室町時代物語大成』第一〇）では、「飛梅伝承」のなかに、〈松〉を取り込みます。まず、「東風吹かば」の歌は、道真が京の自邸で詠んだのではなく、太宰府の配所において都の梅を偲んで詠んだことに改訂し、それに感応した梅が安楽寺に飛来したことにします（「桜花……」の歌は引用されません）。太宰府にいる道真が詠んだ歌に感応して、道真没後の創建である安楽寺に飛んだというのですから、ここでも齟齬のない改変がいかに難しいかがわかります。この変形飛梅伝承の話は次のようなものです。

その後、菅丞相、思し召しけるは、都にて梅・桜・松を寵愛しける中にも、梅は我を悲しみ、西国の果てまでも来れるよと仰せけれ、さてまた、松は心強くて好きけるよと思し召して、かくそ遊ばしける

梅は飛び　桜は枯るゝ　世の中に　何とて松は　つれなかるらん

と遊ばしけるは、追い追い飛びけるによりて、追い松とこれを申しはんべ

りけり

「菅丞相」とは道真のことです。「丞相《じょうしょう》」は中国の最高位の官職名で、道真が右大臣であったことによる敬称です（芝居では「かんしょうじょう」と読みます）。引用文の文意は、道真が京の時代に寵愛した梅・桜・松について、「梅は飛んで来て、桜は枯れたのに、松はつれない」と不満を漏らしたら、松も遅ればせながら飛んで来たというのです。これを「追い松」と呼んだのは、道真の従者であった「老松」を踏まえたものです。「老い」と「追い」の地口《じぐち》（語呂合わせ）です。

こうして、飛梅伝承は、〈梅〉と〈桜〉に〈松〉を合わせた「飛梅枯桜追松伝承」に発展するのです。ここまでくれば、多くの方が『菅原伝授手習鑑』に登場する梅王丸・桜丸・松王丸を思い浮かべられることでしょうが、その話はもう少し後で。

三　北野天満宮の松と安楽寺の梅

1　菅原道真信仰と天神御霊信仰の相克

　では、〈飛梅伝承〉が北野天満宮系の「天神縁起」から生まれたのではないことの意味を考えてみましょう。平安中期に天神信仰が成立したときは〈松〉がシンボルで定着していたのですから、新たに〈梅〉の伝承を創出するからには、それなりの必然性がなければなりません。なんとなく自然発生的に生まれたわけがない。

　私は〈梅〉がクローズアップされた背景には、当時の安楽寺（のちの太宰府天満宮）と北野天満宮の相克があったと推測しています。安楽寺における「菅原道真信仰」と北野天満宮における「天神御霊信仰」の相克というべきかもしれません。本来、道真の廟所であり、菅原氏の氏神・氏寺的存在であった安楽

平将門→一〇頁注参照

鎌倉権五郎（一〇六九?〜?）平安後期の武将・鎌倉権五郎景政のこと。後三年の役で目に矢を受けながら奮戦した逸話は有名。没後、各地の「御霊神社」に祀られ、また歌舞伎『暫《しばらく》』の主人公の名にも仮託される。

寺と、道真の怨霊を鎮めるために創られた北野天満宮では、もともと成り立ちからして違いすぎました。現在の北野天満宮と太宰府天満宮が同じ天神信仰系の神社であるからといって、当初からそうだったとみてはいけない。たびたび指摘してきたとおり現代を過去に押し付けてはいけない、それは歴史学における初歩的な誤りです。

また、平安時代の御霊信仰が天神信仰を生む土壌であったことはよく知られていますが、天神の〈怨霊神〉としての性格についても注意が必要です。まずは、辞典の解説をみてみましょう。

一般の御霊信仰は必ずしもその（天神信仰＝高島注）ように明白な特定の歴史的人格に結晶することなく、むしろ一般には何らその実体の明らかならぬもの、知られざる怨霊に対する漠たる畏怖のもとに成立したもの

（柴田実「御霊信仰」『国史大辞典』6、吉川弘文館、一九八五年）

ここにいう「一般の御霊信仰」とは、おおむね道真以前の怨霊、「実体の明

らかならぬ」怨霊に対する畏怖でした。しかし、道真の神格化を契機として、それ以降は「明白な特定の歴史的人格に結晶」した怨霊に対する畏怖が一般的になったというのです。たびたび指摘していますように、人間を〈カミ〉に祀り上げるという日本史上初のオペレーションが画期となって、怨霊のイメージは大きく変化し、やがて平将門や鎌倉権五郎・佐倉宗吾など歴史的人格の怨霊が当たり前になるのです。

河音能平氏は、延長八年（九三〇）六月二六日の「清涼殿落雷事件」がこの怨霊の変化をもたらしたと指摘されています。この落雷について『日本紀略』は、清涼殿において雨乞いについて会議を開いていたところ、清涼殿の南西に落雷し、昇殿していた藤原清貫《きよつら》は胸が裂けて即死、平希世《たいらのまれよ》は顔を焼かれてまもなく死亡、また隣の紫宸殿にいた美努忠包《みぬのただかね》は髪を焼かれて死亡、紀蔭連《きのかげつら》は腹を焼かれて狂乱、安曇宗仁《あずみのむねひと》は膝を焼かれて倒れ伏したと記しています。このとき醍醐天皇は清涼殿から難を逃れますが、そのショックから体調を崩し、三カ月後に崩御されています。

この落雷事件は「天神縁起」など天神信仰関係の史料だけではなく、『日本

佐倉宗吾
（一六〇五～一六五三）江戸前期の下総国（千葉県）の名主・佐倉惣五郎のこと。佐倉藩の厳しい年貢の取り立てを四代将軍・徳川家綱に直訴したため、磔刑に処されたと伝えられ、妻とともに「宗吾霊堂」に祀られる。

河音能平
（一九三三～二〇〇三）日本中世史の研究者。大阪市立大学名誉教授。著書に『天神信仰の成立』（塙書房、二〇〇三年。のち『河音能平著作集』第二巻に再録）などがある。

藤原時平
（八七一～九〇九）平安前期の公家。宇多・醍醐天皇に仕え、藤原氏の氏《うじ》の長者として左大臣にまで栄達。時平の醍醐天皇への讒言によって、菅原道真が太宰府に左遷されたため、三九歳での早世は道真の祟りと噂された。

紀略』や『扶桑略記』などに記録されている史実です。つまり、天神信仰に関わる史料以外にも記されていることが大切なのです。歴史研究の場合、たとえ当該期の史料に記されていることであっても、その史料の執筆者やその意図、伝来の経緯などについて史料批判を行います。

またまた寄り道ですが、浄土真宗の開祖・親鸞でさえも、明治期から大正一〇年（一九二一）まではその実在を疑われていました。理由は、門弟たちの記録にはみえるけれども、同時代の公家の日記などに親鸞の名が表れないためでした。親鸞の著作とされる『教行信証』でさえ、誰かが書いたものを架空の親鸞に仮託したというわけです。しかし、大正一〇年に西本願寺の宝物庫から親鸞の妻・恵信尼が末娘・覚信尼に宛てた書状八通が発見され、その内容の吟味によって初めて親鸞の実在が証明されたのです。

その意味では、清涼殿への落雷は事実とみて間違いありません。しかし、即死した藤原清貫が、藤原時平に与して道真の左遷に協力し、その後の道真の動向調査を行っていたことなどからの推測で、人々はこの落雷を道真の仕業による復讐だと考え、やがて道真には雷神のイメージが重ねられることになります。

河音能平氏の指摘に戻ります。当時の人々がこの落雷を単なる自然現象ととらえず、道真の怨霊の仕業だと理解したことについて、次のように指摘しています。

この事件を通して道真の怨霊は超能力をもったおそるべき怨霊＝火雷天神として位置づけられるようになった。都だけではなく、全国的に庶民のなかにおいてもそう信じられるようになった。（中略）天神信仰は、前代の御霊信仰とはことなって、より超越的な力をもった菅原道真の超怨霊＝火雷天神・大富天神への積極的な信仰であった。その神格は中世的神格であったと考えられる。（河音能平『天神信仰の成立』塙書房、二〇〇三年）

河音氏が「中世的神格」というとおり、たしかに道真は従来にはみられない異質な怨霊でした。道真を祀る天神信仰の成立は、壮大な試行錯誤の末に、歴史的人格を（祖霊神としてではなく）単独に神社に常祀する方法が採られたのです。

2　安楽寺と北野天満宮の別当

一〇世紀初頭に成立した安楽寺の支配関係は詳らかではありませんが、天暦元年（九四七）には菅原氏の上申により道真の孫にあたる平忠《へいちゅう》が安楽寺初代の別当に補任されています。そしてこれ以降は、歴代の別当職には菅原氏が任じられ、菅原氏の祖廟、氏神・氏寺的な寺院になります。

しかも、寛仁四年（一〇二〇）には菅原為紀の子で園城寺の僧であった増守が、延久三年（一〇七一）には菅原孝標の子で園城寺の僧であった基円が、保元四年（一一五九）には菅原為恒の子で園城寺の僧であった定快が任命されているごとく、別当職は道真の子孫であるだけではなく、たびたび園城寺の僧から選ばれていることが注目されます。安楽寺は園城寺の傘下にあったのです。

なお、次章で検討する「渡唐天神伝承」に重要な役割を果たす臨済宗の円爾

菅原為紀・孝標・為恒の系図

道真┬高視┬雅規―資忠―孝標―定義―在良―為恒
　　│　　└文時
　　└淳茂―在躬―輔正―為紀

平忠
（?～九五六）
平安中期の真言僧。菅原道真の五男・菅原淳茂の次男。京都仁和寺で真言密教をおさめた。

円爾
（一二〇二～一二八〇）
鎌倉時代の臨済宗の僧。聖一国師。一二三五年、宋に渡り無準師範に学び、一二四一年に帰国すると博多・承天寺と、京・東福寺などを開山した。法諱は初め弁円、のち円爾。

円珍
（八一四～八九一）
平安時代の天台宗の僧。智証大師。唐に渡って密教を学び、帰国後は比叡山に住

（聖一国師）も、承久元年（一二一九）、一八歳のときに、円珍（智証大師）の遺跡を慕って園城寺で剃髪しています。この円爾と園城寺の関わりは、本章四の「渡唐天神伝承」で重要な意味をもちます。

一方の北野天満宮の寺務については、天延四年（九七六）六月一〇日に菅原文時が北野社寺務を氏人から選びたいと上奏し、一一月七日には、太宰府安楽寺の例に准じて菅原氏の氏人に「北野寺（＝北野天満宮）」を領知させるという太政官符が発せられています。「安楽寺の例に准じて」というのは歴代の安楽寺別当が菅原氏の出身だったことをいいます。

その初代の北野別当には、正暦六年（九九五）に曼殊院初代門主であった菅原氏の是算が補任され、以後の北野別当は延暦寺派の曼殊院の門跡が兼務します。注目されるのは、この初代別当補任の二年前にあたる正暦四年に比叡山において円仁派の僧たちが円珍派の房舎を打ち壊し、山門（円仁派＝延暦寺）と寺門（円珍派＝園城寺）の抗争が決定的となっていることです。つまり、このタイミングでの補任は、北野天満宮の領知にも延暦寺と園城寺の抗争が影響したと推定されるからです。以後、両者は長く激しい対立を続けます。永保元年

し、八六八年に第五代の天台座主となると、園城寺（滋賀県大津市）を伝法灌頂の道場とした。のち、第三代天台座主・円仁の門流（山門派＝延暦寺）と円珍の門流（寺門派＝園城寺）の対立により天台宗は二分された。

菅原文時
（八九九～九八一）
平安中期の貴族。文章博士。菅原道真の長男である高視（八七六～九一三）の次男。九五八年、村上天皇の求めに応じて「意見封事三箇条」を提出したことで知られる（封事は、密封して天皇に奉る意見書）。

（一〇八一）に山門派の衆徒が寺門派の拠点である園城寺（三井寺）の全伽藍を焼き払った事件を皮切りとして、以後の一八〇年ほどの間に園城寺は九回も焼き打たれることになるのです。

北野天満宮における正別当・権別当の歴代については竹居明男氏が復元され、その補任の特徴を次のようにまとめています。まず正別当について次のように整理されています。

正別当は判明している限りすべて天台宗延暦寺の僧ではあるが、世系は、意外にも初代の是算を除いて、すべて菅原氏以外の出身で、藤原氏・源氏・平氏と多岐に渉り、しかも必ずしも特定の家系に片寄っていない（中略）。実のところ、是算すら「菅原氏」とのみ伝えられるだけで、同氏の系図類には登場しないのが実情であり、判明している限りすべて菅原氏出身の僧が占めた天満宮安楽寺別当とは著しい対照をなしている。

初代の是算が菅原氏とみなされるだけで、ほかの歴代は藤原氏・源氏・平氏にわたるといいますが、その実権は藤原氏にあったことはいうまでもありません。正別当の出自の揺れとは関係なく北野天満宮は藤原氏の尊崇と庇護のもとにありました。一方、太宰府安楽寺の別当はすべて菅原氏でしたから、確かに対照的です。さらに、権別当についても竹居氏は次のように指摘しています。

権別当は、世系の判明する限りでは二、三の例を除いて、すべて菅原氏出身である一方、その多くが天台宗延暦寺に所属するものの、一部は同園城寺や、真言宗仁和寺の僧侶であったケースも考えられる。すなわち菅原氏出身の僧は、是算以外は、すべて権別当止まりであったことになる（唯一、権別当から正別当に転任した頼延は藤原氏の出身）。

つまり、北野天満宮の正別当は菅原氏以外で多岐にわたったのに対し、権別当は原則として菅原氏だというのです。これも対照的です。なお、正別当の初代・是算の補任は正暦六年（九九五）でしたが、権別当の初代・増守は、天喜元年（一〇五三）の補任です（先述した安楽寺別当の僧守と同じ人物です）。

正別当よりも半世紀あまり遅れて権別当が置かれた背景には、先に述べたところの、北野天満宮は菅原氏の氏人に領知させると定めた太政官符が守られていないことに対する菅原氏の不満によると考えられます。それが、菅原氏の直接の抗議が功を奏した結果なのか、それとも藤原氏の菅原氏に対する懐柔策だったのかはわかりませんが。とにかく、権別当については「大宰府安楽寺の例に准じて」任命された結果、菅原氏が占めることになったのです。その初代の権別当が、かつて安楽寺別当だった増守であることは意味深いことです。

3　松と梅のシンボリズム

以上のような、北野天満宮と安楽寺の歴代別当・権別当の世系のあり方は、当時の延暦寺と園城寺による「山門・寺門の争い」と呼ばれる対立関係を投影しているのです。

永久六年（一一一八）二月三〇日、山門は安楽寺別当を延暦寺僧から補任するよう奏上して以来、たびたび安楽寺を傘下に置くべく攻勢をかけています。『百

『百練抄』
平安中期から鎌倉中期に至る漢文編年体の歴史書。一三世紀末の成立。編者不明。「百錬抄」とも書く。

練抄』の応保二年（一一六二）一一月二七日条にも、次のような記録がみえます。

安楽寺を以って延暦寺末寺たるべきの由、天台衆徒訴え申し下洛を欲す、諸卿を召し殿上において群議あり、裁許あるべからずの由定め申す

すなわち、延暦寺の衆徒が安楽寺を末寺に取り込みたいと朝廷に訴えたが、認められなかったというのです。当時の延暦寺の権勢を考えると、安楽寺が延暦寺に対抗しうる勢力として園城寺を頼ったと考えるのは自然でしょう。

このような厳しい相克を背景として、松をシンボルとする北野天満宮に対抗して、安楽寺は梅を強く打ち出したのではないか、というのが私の推測です。もちろん、この相克よりもはるか以前から、〈太宰府＝梅〉のイメージは定着していました。天平二年（七三〇）に大伴旅人が「梅花の宴」を催したことや、長元二年（一〇二九）に源経信が見た梅の例を思い出してください。さらには、梅は奈良時代に中国から伝来した外来種ですから、唐風文化を漂わせる花とし

て、大陸からの玄関口であった太宰府にふさわしいと考えられたこともあるでしょう。それらを踏まえて、〈北野天満宮＝松〉への対抗軸として〈安楽寺＝梅〉が打ち出されたというわけです。両者の相克は次のように整理できます。

《松》　天神御霊信仰＝北野天満宮　＝山門派（延暦寺）＝藤原氏

《梅》　菅原道真信仰＝太宰府天満宮＝寺門派（園城寺）＝菅原氏

天神縁起の〈建久本〉〈建保本〉が、道真の歌とされる梅と桜の二首を取り込んだとき、すでに成立していたはずの「飛梅伝承」を敢えて採用しなかったこともこの推測の傍証になります。しかし、飛梅伝承が広まるにつれて、北野天満宮側も道真の伝承として広まった「飛梅」を無視できなくなり、〈承久本〉に至って軌道修正が行われたというわけです。

〈承久本〉で採用されて以降は、梅がどこからどこへ飛んだか、すなわち起点と終点は少しずつ改訂されていきます。〈承久本〉では、起点は「紅梅殿」すなわち道真邸で、終点は「筑紫」としています。起点については、道真が自邸の梅を前に詠んだのですから問題はないのですが、終点については「筑紫」のどこなのかは明示されていません。しかし、伝承の趣旨からいえば、その謫居（配流先の住居）のあった大宰府庁の南館（現在の榎社《えのきしゃ》の地）でなければならない。紅梅殿から南館に梅が飛んだということは、そこに北野天満宮も安楽寺も登場しません。「飛梅伝承」の微妙な位置取りがうかがえるのです。

榎社（提供：太宰府市）
太宰府天満宮の境内飛地にある神社。かつての大宰府庁の南館の地にあたり、菅原道真の謫居（配流先の住まい）跡という。

ところが「筑紫」はやがて「安楽寺」に変えられます。数ある「天神縁起」にみえる「東風吹かば」の詞書を時系列に並べると、その傾向がみえるのです。生前の道真の歌に応えて飛び立ったのですから、没後の廟である安楽寺に飛ぶのはおかしなことですが、安楽寺を京の風下に置くためには必要な変更でした。いっそのこと、道真没後の話に置き換えて、起点も北野天満宮にすればもっと都合が良かったはずですが、それでは道真が歌を詠んだエピソードから遠ざかりすぎるのでしょう。繰り返しますが、古体を引きずりながら、齟齬なく改変するのは難しい。

こうして安楽寺の「菅原道真信仰」をシンボライズする〈梅〉は、やがて北野天満宮の「天神御霊信仰」をシンボライズする〈松〉とともに重要な役割を担うことになります。それは、単なる松と梅ではなく、「千本松伝承」の松と、「飛梅伝承」の梅であったことは、徳川美術館所蔵の「束帯天神像」の画賛にある龍湫周沢《りゅうしゅうしゅうたく》の詩に現れています。そこには「一宵地に苗《めば》ゆ松千本、千里の風に乗る梅一枝」とあるのです。

現在では、〈松〉のイメージが薄くなっていますが、それでも、北野天満宮の中門（三光門）の左右には今も松と梅の提灯が吊るされているとおり、松と梅は天神信仰を象徴するツートップなのです。

松と梅の提灯（北野天満宮）
北野天満宮の中門（三光門）には、右手に松、左手に梅の提灯が懸けられている。

龍湫周沢
（一三〇八〜一三八八）南北朝時代の臨済宗の僧。夢窓疎石（一二七五〜一三五一）の法系を継ぎ、南禅寺などの住持を歴任。無準師範の袈裟「応夢衣」を贈られたという伝承がある（一三九頁参照）。「一宵地に苗ゆ」の画賛は、周沢の弟子・益叟福謙（?〜一四〇九）の筆跡。

4　絵画にみる天神と松と梅

ここで少し視点を変えて、天神画像における松と梅の描かれ方をみましょう。桜は枯れたせいか、絵画には登場しません。

天神画像は基本的には神像として作成されますが、生前の姿で描いているため、ほかの神像に比べてそのバリエーションは豊富です。一般に天神画像は「束帯像」と「渡唐天神像」に二分されます。前者は、平安貴族の正装である束帯姿の座像（まれに立像）の総称です。後者は次章で検討する渡唐天神伝承による立像（まれに座像）です。

（図１）　束帯天神像（怒り・白髪天神）（大阪天満宮蔵）
眼を大きく見開き、上歯で下唇を噛み、左手で笏を膝に押し付けて、冤罪に対する怒りを表す。怒りのあまり、一夜にして髪は白髪になったという。右上の賛は、「心だに　誠の道にかなひなば　祈らずとても　神や守らん」の道真の歌。

（図2）　束帯天神像（綱敷・水鏡・白髪天神）（大阪天満宮蔵）
左遷された菅原道真が、袖の湊（博多湊）に上陸したときの姿。綱の円座に座り（綱敷）、水辺に姿を映して（水鏡）、白髪に驚いている（白髪）。綱敷天満宮（福岡市）の版行図。

（図3）　束帯天神像（雲中天神）（大阪天満宮蔵）
荏柄天神社（鎌倉市）にも酷似の図があり、1104年に雲上に立つ「束帯天神像」が同地に降臨したことにより同社が創建されたと伝える。一方、浄土教では、臨終が近づくと、阿弥陀仏が紫雲に乗って迎えに来ると説くが、本図にはその影響が認められる（天神の本地は阿弥陀仏ともいう。7頁頭注参照）。

「束帯像」には、まさに神像らしい威厳に満ちた座像だけではなく、冤罪に怒る形相の「怒り天神」（図1）、左遷の途次に船の艫綱を巻いた円座に座る「綱敷天神」（図2）、怒りのために一夜にして白髪になった「白髪天神」（図1・2）、雲の上に立って影向する「雲中天神」（図3）など、実に多彩です。にもかかわらず「渡唐天神」だけを別に分類するのは、後

（図４）　**渡唐天神像**（大阪天満宮蔵）
道服を纏い、仙冠を被り、拱手した手に梅の枝を持ち、右肩から左腰にポシェットのような袋が見える。この袋には無準師範から授けられた袈裟が入っている。

（図５）　**束帯天神像**（個人蔵）
北野天満宮の「根本御影」と同様の図像。道真の時代の「萎装束《なえそうぞく》」を着装していることが注目される。「萎装束」とは、糊を使わずに柔らかな生地で仕立てたものをいうが、平安末期からは糊で固めた直線的で平面性を強調した「強装束《こわしょうぞく》」が主流となっていく。

述のように、それが道服に、仙冠を被り、拱手して梅の枝を左脇に抱え、左肩から右腰に衣嚢《いのう》を下げた立像を定型とするからです（図４）。

　しかし、様々な伝承に基づく多彩な画像を、その装束の共通性だけで「束帯天神」と一括しておきながら、渡唐天神伝承による画像だけは「渡唐天神」として別に分類するのはおかしなことです。装束や伝承の分類軸

（図６）　**束帯天神像**（大阪天満宮蔵）
室町後期の画僧・雪舟等楊（1420〜1506）の弟子であった秋月等観の画。松と梅の林の中に座す。師の雪舟も、松と梅に取り囲まれた「渡唐天神像」（岡山県立美術館蔵）を描いている。

（図７）　**束帯渡唐天神像**（大阪天満宮蔵）
束帯姿に描かれる渡唐天神像は珍しい。右上色紙の画賛は『菅神入宋授衣記』の記述を踏まえた道真の歌という「唐衣　織らで北野の　神ぞとは　袖に持ちたる　梅にても知れ」。

を昇華する研究の進展が期待されます。
　さて、あらゆる天神画像のなかで「根本御影」とされるのが北野天満宮所蔵の「束帯天神像」です。南北朝期以後の古い作例ですが、これを含めて比較的古い作例には梅も桜も描かれていません（図5）。しかし、室町〜桃山期とされる亀戸天神社蔵の「束帯天神像」は天神の背景に梅と松を描きます。この頃から、束帯姿の天神に梅と松を配す例は多くなります。なかには、紅梅・白梅と松の繁る林の中に座す珍しい姿も描かれています（伝秋月筆・大阪天満宮蔵、図6）。

渡唐天神像は、原則として梅の枝を右脇に抱えていますが、松は描きません。しかし、屈曲した松幹に渡唐天神が座り、その背景に松を描く図像や（雪舟筆・岡山県立美術館蔵）、松樹の横に定型の渡唐天神が立つ図像（狩野元信筆）、束帯の立像で梅枝を持つ束帯渡唐天神像（大阪天満宮蔵、図7）など、まれに渡唐天神に梅と松が描かれた作例があります。

また、江戸中期の臨済僧であった白隠《はくいん》慧鶴《えかく》は、「天神留守模様」を書いています。留守模様とは、象徴的な道具立てだけで、そこには描かれていない主題を思わせる描き方です。白隠は、鳥居に松と梅だけを描いて、「松に梅　奥の社は　とわずとも」の賛を添えています。松と梅をみれば問わなくとも天満宮だとわかるというわけです。

そういえば、江戸初期の俳人、野々口立圃も「南無天満大事の木也、松と梅」と短冊に書いています。絵画の世界でも、やはり松と梅はツートップだったの

白隠慧鶴
（一六八五～一七六八）江戸中期の禅僧。白隠は道号、慧鶴は法名。臨済宗中興の祖。誕生日を貞享二年極月二五日（丑年丑月丑日）の夜丑刻とするのは（『年譜草稿』『壁生草』）、天神の使獣である牛を踏まえたものか。

です。

5 浄瑠璃『菅原伝授手習鑑』の梅・桜・松

当初の「飛梅伝承」が次第に「飛梅枯桜追松」の伝承に潤色されていく様子をみてきましたが、梅・桜・松のセットといえば、謡曲「鉢木《はちのき》」が思い出されます。その梗概は、ある大雪の夜、諸国を廻遊中の北条時頼（一二二七～一二六三）が旅僧に扮して、上野国佐野の佐野源左衛門常世のもとに宿を求める。貧しい常世は薪の代わりに大切にしていた梅・桜・松の鉢木を焚き時頼をもてなした。春になって鎌倉からの召集があり、常世が駆けつけると、時頼はその夜の礼として、「加賀に梅田、越中に桜井、上野に松枝、合はせて三箇の庄」を与えた、というものです。

この時頼の廻国伝説は室町時代に成立していたとしても、梅桜松の三木が世に喧伝されるようになるのは、やはり「飛梅枯桜追松」の潤色後のことでしょう。享保五年（一七二〇）初演の『心中天の網島』は、「道行名残の橋づくし」

であまりにも有名ですが、そこには蜆川（曽根崎川）に架る橋々が次のように読み込まれています。

移り香も何と流れの蜆川、西に見て朝夕渡るこの橋の、天神橋はその昔、菅丞相と申せし時、筑紫へ流され給いしに、君を慕いて大宰府へ、たった一飛び梅田橋、跡追い松の緑橋、別れを嘆き悲しみて、あとに焦がるゝ桜橋

さすがは近松門左衛門の名調子。天神橋から道真の西下を思い浮かべ、小春・治兵衛の道行に重ねて、梅田橋を飛梅に、緑橋を追松に、桜橋を枯桜になぞらえています。「飛梅枯桜追松」の潤色が広まっていたからこその趣向です。

そして、それを決定的に周知させたのが『菅原伝授手習鑑』（竹田出雲・三好松洛・並木千柳・竹田小出雲の合作。以下『菅原』とも略す）だったのです。浄瑠璃の『菅原』は、延享三年（一七四六）八月二一日、大坂竹本座で初演されました。その全体的なプロットには、先行する近松門左衛門の『天神記』（一

斎世親王
（八八六～九二七）宇多天皇の第三皇子、醍醐天皇の弟。『菅原伝授手習鑑』では、菅丞相の娘・苅屋姫に想いを寄せ駆け落ちし、菅丞相が左遷される原因をつくる。

七一四年、竹本座初演）や、能の『菅丞相』『雷電』の影響が認められますが、菅丞相の所領であった佐太村（大阪府守口市）の百姓・四郎九郎の子として登場する梅王丸・松王丸・桜丸の三つ子は『菅原』のオリジナルです。梅王丸は菅丞相の、松王丸は藤原時平の、桜丸は斎世《ときよ》親王の牛車の世話をする舎人という設定ですが、これは牛が天神の使いであるという伝承を踏まえています。三名の運命は「飛梅枯桜追松」の伝承を踏まえて、飛んだ梅＝梅王丸は、太宰府の菅丞相のもとに駆けつけ、散った桜＝桜丸は菅丞相が冤罪に処せられた責任をとって自害し、「つれない」といわれた松＝松王丸は自分の子を菅丞相の子の身代わりにします。

　この三つ子については、『歌舞伎年表』が次のように記しています。

大坂天満滝川町池田屋佐兵衛借地、細井戸屋嘉右衛門後家おまつ、当七月廿八日男子三人出生す。夫嘉右衛門義、六月廿一日病死。倅兵助へ同居。右のものへ、九月廿七日公儀より鳥目五十貫文下さる。右世話諸事、有馬備後守組、横山伊左衛門取扱ひ。右は御金奉行月番ゆゑ仰付らる。三子共に丈夫に育ち、禁裏牛飼を仰付らる。これを戯作して浄瑠璃に取くみ、『菅原伝授手習鑑』と外題いたせしとなり。

『菅原』初演の前月七月二八日に大阪天満で生まれた三つ子に着想を得て梅王丸・桜丸・松王丸が生まれたというのです。天満の三つ子がのちに禁裏牛飼を仰せつけられたというのは、『菅原』の三つ子が舎人であったことによる後付けです。同『年表』がこの記事の出典とする『拾集落穂草』巻ノ三が、現在は所在不明なのは残念なことです。

こうした最新のセンセーショナルなニュースを戯曲化することは、当時の世話物にみられる常道だとしても、ニュースから一カ月足らずのちに、三つ子を主要な登場人物とする物語が創作できるのかという疑問もあります。

たとえば、寛延元年（一七四八）閏一〇月、大阪・北新地の遊女・かしくが酒に乱れて兄を刺殺し、翌年三月一八日に処刑されたのですが、同月二六日にはこの事件を舞台化した『八重霞浪花浜荻』が初日を迎えています。おそらく、事件の直後から戯曲化にかかり、処刑を受けて、話題になっているうちの上演

かしく
（?〜一七四九）
江戸中期の大阪・北新地の遊女。武士に身請けされ「八重」を名乗ったが、酒乱のはてに兄を殺害し処刑された。大阪市北区の法清寺（俗称、かしく寺）には「かしく」の墓があり、酒に悩む人々の信仰の対象となっている。

を図ったようですが、事件から約五カ月後の上演です。それでも「古今稀なる早き事と大坂中こぞっての評判也」（『浄瑠璃譜』）と記されるほどでした。

『菅原』については「古今稀なる早き」よりさらに早く一カ月足らずの上演ですから、実は三つ子誕生以前にヒントがあったとの指摘があります。三人兄弟については、松崎仁氏が指摘するとおり「三人兄弟が重要人物で、その一人が敵側に所属するという本作の構想には、『鬼一法眼三略巻』（享保一六年〔一七三一〕、大坂竹本座初演）における鬼一・鬼次郎・鬼三太兄弟からの影響も考えられる」のです。松崎氏は、桜丸が菅丞相を裏切るのは、鬼一が平氏方についたことの影響だとみています（「天神伝説と演劇」『日本文学研究』二九巻）。

おそらく、『菅原』の作者たちは三つ子ニュース以前から、『鬼一法眼三略巻』をヒントにして、飛梅・枯桜・追松を踏まえた梅王丸・桜丸・松王丸のキャラクターを構想していたのでしょう。ただし、その段階では三つ子ではなく兄弟だった。そこにタイミングよく天満滝川町のニュースが飛び込んできたものだから、急遽、三つ子に変更したというのが真相でしょう。

なお、『菅原』の四段目序「配所の段」で菅丞相に「梅は飛び　桜は枯るゝ

世の中に　何とて松の　つれなかるらん」の歌を詠ませ（先に紹介した『天神絵巻』の第四句では「何とて松は」でしたが）、伝承と芝居の世界は混沌としていきます。文政一一年（一八二八）の『天満宮愛梅桜松《てんまんぐうあいじゅのめいぼく》』（中村歌女座初演）では、外題に「梅・桜・松」を打ちだすほどに伝承の世界が芝居に取り込まれていくのです。

　ちなみに、落語の「掛取万歳」（上方では「掛取り」）にもこの伝承は取り込まれています。長屋へ掛け取り（掛け金の回収）にきた大家を、大家の趣味の狂歌尽くしで追い帰す噺ですが、断りの狂歌に対して、大家は「貸しはやる　借りは取られる　世の中に　何とて大家　つれなかるらん」と応えて返済の延期を承諾してしまいます。いうまでもなく「梅は飛び　桜は枯るゝ　世の中に　何とて松の　つれなかるらん」のパロディです。大阪町人たちは、その趣向に大笑いしたことでしょう。かつては、それほどに「飛梅枯桜追松」は周知のエピソードだったということです。

四　渡唐天神伝承

1　渡唐天神伝承の梗概

「渡唐天神伝承」に移りましょう。その基本文献は、室町時代初期の応永（一三九四～一四二八）頃に成立した『両聖記』と『碧山日録』です。のちに、様々な文飾が加えられますが、その基本的な梗概を追いかけてみましょう。

鎌倉時代中期の僧・円爾（聖一国師、一二〇二～一二八〇、一〇六頁参照）は、宋の径山（中国杭州市）に渡って万寿寺の無準師範（仏鑑禅師、一一七七～一二四九）に禅を学び、仁治二年（一二四一）に帰国後は太宰府の崇福寺に入りました。ここから伝承が始まります。

ある太宰府の富豪の夢枕に天神が立ち、「千人の僧侶を集めて、法華経

『両聖記』
渡唐天神についての最古の文献（『群書類従』巻一九）。一三九四年の成立。花山院長親（?～一四二九）が渡唐天神の思想を仏教的に解釈する。「両聖」とは無準師範と菅原道真をいう。

『碧山日録』
室町時代の東福寺の僧だった太極（雲泉とも。一四二一～?）の日記（『改訂史跡集覧』25、『増補続史料大成』20）。記述は一四五九～六八年（一部欠落）に及ぶ。

を読誦させて欲しい。」といった。富豪の相談を受けた円爾は、水晶の数珠一〇連（あるいは一〇〇連とも）を用意させ、数珠を部屋の四壁に掛けて、自身は部屋の中央に座って読誦した。こうして、水晶の一個ずつに読誦する自身の姿を映して（千人がいるように見せて）、天神の求めに応えた。この対応に満足した天神は、円爾に弟子入りを頼むが、円爾は自分の師匠である無準師範への弟子入りを勧める。すると、天神は一夜にして中国・径山に飛び、無準の教えを受け、「授衣印可」を得て帰国した。

没後から三〇〇余年も経ってから現れた道真が日本海をひと飛びというのですから、これまた奇想天外な話です。一三世紀中葉の中国といえば宋の時代ですから正しくは「渡宋天神」と呼ぶべきですが、「唐」を中国の一般名詞的に理解して「渡唐天神」と呼ぶことが多いようです。あるいは道真在世中の中国が「唐」だったことの記憶も影響しているのかもしれません。「授衣」とは、師僧の法を受け継いだことの証に法衣（袈裟）を授かること、「印可」とは、師僧が弟子の悟りを証明することをいいます。

無準師範
（一一七七～一二四九）中国・南宋の禅界に一大勢力をなした臨済宗の僧。仏鑑禅師。その教えは弟子の無学祖元（一二二六～八六）や兀庵普寧（一一九七～一二七六）らの来日僧や、円爾らの入宋僧によってわが国に伝えられ、大きな影響を与えた。

崇福寺
臨済宗大徳寺派の寺院。円爾の弟子・湛慧が、仁治二年（一二四〇）に太宰府横岳に創建し、翌年に宋から帰国した円爾が開堂。天正一四年（一五八六）に焼失、慶長五年（一六〇〇）以降に福岡藩主・黒田氏が博多に再建した。

天神が無準のもとを訪ねたときの様子については、『菅神入宋授衣記』（『群書類従』巻一九）に記されているので、それを意訳しておきます。

ある日の未明、無準が丈室（住持の居室）の庭に一叢の茆草《ぼうそう》が生えているのを見つけて、「昨夕にはこの草はなかったのに、今朝はどうして生えているのか」とつぶやいた。すると突然、神人が片手に一枝の梅花を持って現れたので、無準は「あなたは、どなたですか」と問うたが、神人は答えずに、ただ庭上の茆草を指差すだけだった。無準は、即座に「茆草」は菅のこと、すなわち日本の菅姓の神だと理解した。すると、神人は一枝の梅を無準に差し出し、右膝を着いて次の和歌を詠んだ。

唐衣　織らで北野の　神ぞとは　袖に持ちたる　梅にても知れ

「茆草」を指さして「菅原」を連想させるとは、さすがに禅宗らしい逸話です。禅問答のようです。ここに持っている「一枝の梅花」が、先に紹介した渡唐天神像に描かれる梅なのです。そして、渡唐天神の画像の多くには、この「唐衣…」の歌が賛として添えられます。

なお、無準の伝記「杭州径山無準禅師諱師範」(『続伝燈録』巻三五)に「無準の夢に茅を持った衣冠姿の神が現れた」という逸話が載っており、右のシーンはそれをモデルにしたのでしょう。

2 渡唐天神の研究動向

天神が飛ぶというプロットは、梅が飛んだ飛梅伝承と同種のようにもみえますが、決定的な違いは、後述するように「渡唐天神」は禅宗(臨済宗)サイドからの天神信仰へアプローチする伝承だったことです。

この渡唐天神の研究史については、以下のような興味深い経緯があるので、今しばらく研究状況の話題にお付き合いください。

「渡唐天神」研究の画期は、一九八九年に刊行された『国史大辞典』10(吉川弘文館)が「渡唐天神像」を立項したことでした。それまでの辞典なら、「天神画像」の項目を立てて「天神画像は、束帯天神と渡唐天神に大別されます」云々と概説するのが関の山だったところに、同辞典は「天神画像」や「東帯天神像」の項がないにもかかわらず、その派生項目でしかない「渡唐天神像」を立項するとともに、三五点もの図版を一六頁にわたって掲載したのですから驚きでした。「東帯天神像」には、綱敷天神・雲中天神・怒り天神・水鏡天神・白髪天神・騎牛天神などなど、多彩に描き分けられるのですが、渡唐天神像は、仙冠・道服で梅の枝を持つ定型像がほとんどなのです。その意味では『国史大辞典』の扱いは極めて異例でした。おそらくは執筆の今泉淑夫氏による強い押しがあったのだと推測しますが、このお陰で、渡唐天神像、および渡唐天神伝承に研究者の目が惹きつけられたのです。

そして二〇〇〇年には、『国史大辞典』を継承して今泉淑夫・島尾新編による論文集『禅と天神』（吉川弘文館）が刊行され、そこには渡唐天神関係の論考が九本も収載されました（絵画史の論文に偏っていたのは残念でしたが）。

さらに、二〇〇一年には、翌年の「菅原道真没後一一〇〇年大祭」に向けて『北野天満宮神宝展』（京都国立博物館）、および『天神さまの美術』（東京国立博物館・福岡市博物館・大阪市立美術館）が開催され、多くの渡唐天神像が展

示されたのです。この『北野天満宮神宝展』では会期中に袈裟を着た「渡唐天神像」（湘南宗化賛）が見出

「渡唐天神像」（湘南宗化賛、個人蔵）
仙冠と道服の姿に梅枝を持つところは一般的な渡唐天神と同じだが、無準から授けられた袈裟を肩から懸けた袋には入れず、身にまとっているのは珍しい。

されるというスピンオフもありました。

通常は、研究上の進展を受けて、辞典の項目が追加されたり解説が改訂されたりするのが常ですが、渡唐天神研究の場合は、「菅原道真没後一一〇〇年大祭」を見据えた仕掛けの結果、通常とは逆の方向で研究が進展したというわけです。

3 「渡唐天神伝承」の成立と作者

では「渡唐天神伝承」に込められたメッセージを読み解きましょう。それは、同時に「渡唐天神伝承」成立の動機を考えることにもなります。

大切なのは、すでに明らかにしたように天神信仰が新参の〈カミ〉として成立したことと、禅宗（臨済宗）が、仏教諸派のなかでは新参の宗派として伝播したこととの共通点です。新参の〈カミ〉や宗派が勢力を拡大、浸透させるためには、ともに先行の神道や仏教に対抗できるだけの、正当性を説得するための伝承を必要としたことは先に述べたとおりです。

つまり「渡唐天神伝承」は、遅れてやってきた臨済宗に目を向けるためのオペレーションだったのです。ですから、この伝承の眼目は、天神が日本海をひと飛びに中国に渡ったという奇跡にあるのではなく、天神が無準師範から「授衣」されたことにあります。

渡唐天神伝承の基本文献である『両聖記』が、「昔、無準和尚、径山に住し給ける時、北野天満天神ある夜半ばかりに日本の菅丞相と名のりて、受衣ましましけるよし申伝へたり」と記すように「受衣」がポイントです。『碧山日録』も、その肖像を「渡唐天神」ではなく「受衣天神之像」と呼びます。また『菅神入宋授衣記』も「天満天神、径山伝授の僧伽梨《そうぎゃり》を以って西都の霊岩に安置す」と記します。「僧伽梨」は袈裟のこと、「霊岩」はそれを埋めた「伝衣塔」（一三八頁参照）のことです。

この伝承を踏まえて、数多くの渡唐天神像が描かれましたから（まれには彫像も）、無準から授けられた法衣（袈裟）を入れたポシェットは最重要のファクターでした。無準から天神が授かった法衣は、僧の正装衣である僧伽梨という袈裟であり、それを強調することは、天神の人気にあやかって、新参の臨済宗への注目を集めることになったのです。その意味では、湘南宗化賛の「渡唐天神像」が袈裟を着ていることや、「天満宮縁起画伝」（太宰府天満宮蔵）の片隅に描かれた渡唐天神が、その袈裟をポシェットに収めず、身に付けていることは極めて暗示的です（山本英男「袈裟を着た渡唐天神像」『学叢』二五号）。

このポシェットが、渡唐天神伝承の重要なファクターであったことは、江戸時代には周知のことだったようです。江戸中期の笑い話「天神の財府」は、渡唐天神像の巾着をモチーフにしています（『初音草噺大観』巻二）。


ある所にて、床に渡唐の天神の像を掛けおきたるをみて、猿智恵なる者「あの腰に下げさせられたる巾着のような物は何でござろう」といえば、片方の人「あれは聖一国師の夢想に見えさせられし時の御影、唐土、無準禅師よりの印可を入れさせられたる印可袋といふものじゃ」といえば、彼の者「いや〳〵それではあるまい、あの天神は筑紫へ旅をあそばしたほどに、道中で何やかや入れさせられた袋であろう、その証拠には、今の世までさいふの天神といふほどに。」

渡唐天神像の「巾着」についての問答です。「片方の人」が「無準師範から、印可（師匠が弟子の悟りを証明すること）にもらった袈裟を入れた袋だ」と正しく解釈したのに対し、「猿智恵なる者」は「いや、天神が旅の費用を入れた巾着だ」というのです。その証拠には「さいふの天神」というじゃないかと。この「さいふ」は、いうまでもなく太宰府の略称「宰府」と、「財布」を掛けています。この洒落の出来はさておき、渡唐天神の巾着は、笑い話のネタになるほどによく知られていたということです。

この巾着とともに、梅の枝も重要なファクターでした。前節で述べたように、この頃には〈天神＝梅〉のイメージも定着していましたが、それを中国から持ち帰ったことを強調するところに、この伝承の創意があったのです。

というのは、当時の梅には、奈良時代に中国から伝わり、唐風文化を象徴する花としての余香が漂っていました。そして禅宗も、鎌倉時代に中国から栄西が伝えた臨済宗が始まりでした。その上、梅は「伝法の証」だったとの指摘もあります（朝賀浩「書評『禅と天神』」『古文書研究』五五号）。天神の〈梅〉は、中国帰りの渡唐天神にピッタリだったというわけです。従来の天神画像が、生前の道真の束帯姿で描かれるのに対して、渡唐天神像は中国帰りであることを強調するために仙冠・道服姿であることに通底します。

そこで、臨済宗では「北野天満宮＝松」と「安楽寺＝梅」の対立を意識した上で、安楽寺に接近し、この伝承の普及を図ろうとしたのです。このように考えると、「渡唐天神伝承」は、安楽寺の「飛梅伝承」を臨済宗寄りにアレンジした伝承といえそうです。

成立期の天神信仰が「松」をシンボルにすることによって、それまでの神道との違いを主張したのと同様に、臨済宗は禅宗と天神信仰との深い関わりを象徴するために「梅」を持ち出したというわけです。

では「渡唐天神伝承」はいつ頃に成立したのでしょうか。この問題については、先に村田正志氏の考察があり（「渡唐天神思想の源流」『菅原道真と太宰府天満宮』上、吉川弘文館、一九七五年）、次のように推測しています。

聖一国師の門流に属する禅僧が、南北朝時代の頃、承天・崇福などの禅宗寺院を中心に、太宰府天満宮の神威をかりて、その門派発展のユニークな方法として考案されたのではあるまいか。

村田氏が「渡唐天神伝承」を、聖一国師（円爾）派の禅僧が門流の発展のために「太宰府天満宮の神威」を利用した伝承だと推測されるのは同感です。しかし、南北朝期（一三三六〜一三九二）に考案されたという推測には異議があります。村田氏は、この伝承の最古の史料『両聖記』以前に、それを思わせる史料がないことを根拠にされていますが、伝承を記録する最古の史料が、伝承の成立期のものだと決めつけるのは慎重でなければなりません。すでに失われた史料に記されていたかもしれないのですから。

村田正志
（一九〇四〜二〇〇九）南北朝期専攻の日本史研究者。東京帝国大学史料編纂所で『大日本史料』第六・七編の編纂に従事。主書に『南北朝史論』がある。

たしかに、『両聖記』以前の史料がないのですから、それ以前の可能性を探るのは難しい。しかし、私は少し視点を変えて、この伝承の作者の捜索から伝承の成立期を考えようと思います。一般に、この種の伝承は作者不明が常です。日本海を飛び越えたというような奇想天外な話なのですから、だれが作ったかが明らかでは、その人の作り話になってしまいます。それに、伝承は何世代にもわたって潤色されることが多いので、特定するのは難しいものです。

しかし、渡唐天神伝承については、その「法衣」に着目することによって、ある人物が浮かび上がってきます。円爾の生涯を記した『聖一国師年譜』は、円爾の弟子であった鉄牛円心が、師の命によって編纂したものです。その仁治三年（一二四二）の条に「便中就以錦法衣一頂乃前輩尊宿相伝者」とみえます。禅僧の記録らしく難しい記載ですが、意訳すれば「この錦法衣の一揃は、私（無準）が尊宿（徳の高い僧侶＝円爾）に与えたものだ」ということです。なんと、天神が無準から法衣をもらった伝承とは別に、円爾も無準から授衣されていたのです。しかも、この記事は、天神が授衣されたとされる仁治二年（一二四一）の翌年にあたります。渡唐天神の伝承は、円爾が無準から授衣された史実の焼

鉄牛円心
（一二五四〜一三二六）
鎌倉後期の臨済宗の僧。円爾の弟子。円爾が開山した臨済宗東福寺派承天寺（福岡市）の二代目住持。一二七三年には、その末寺・光明寺（太宰府市）を創建。円爾の年譜『聖一国師年譜』を編纂。

き直しだったのです。

しかも、これを記録した鉄牛は、道真の子孫だというのですから、渡唐天神伝承の作者に打って付けです。鉄牛が師のエピソードを、先祖の道真に仮借したに違いない。

授衣のエピソードについては、師の円爾から借用しましたが、円爾の前に天神が現れるシーンは、きっと「柘榴《ざくろ》天神伝承」からの借用でしょう。「柘榴天神伝承」では、道真の没後まもなく比叡山の法性坊尊意のもとに道真が現れます（詳しくは第三章三で紹介します）。この伝承は『北野天神縁起』にも載っていますから、道真の子孫だという鉄牛が知らない訳がない。没後に尊意のもとに現われたのなら、三百数十年後にわが師・円爾のもとに現れたとしても許されるだろうという発想です。

さらに、鉄牛の創作であることを裏づけるような伝承が、光明禅寺の周辺に伝わっています。それは、天神が無準師範のもとを訪れてからさらに三〇年も経った文永八年（一二七一）のこと、今度は天神が博多承天寺の鉄牛のもとにも現れたというのです。天神は、無準から授けられた法衣を鉄牛に手渡し、し

法性坊尊意↓一七六頁頭注参照。

伝衣塔（太宰府市）
鉄牛円心は、天神の夢告によって太宰府天満宮の南方に光明禅寺を創建するとともに、その西方に伝衣塔を作ったという。

かるべく安置するように命じます。そこで、鉄牛は太宰府に僧房を開いて、その近くに法衣を収めるために伝衣塔を建てたと伝えるのです。この僧房が現在の光明禅寺で、その近くには伝衣塔が現存します。ということは、伝衣塔の地中には、天神ならぬ円爾の法衣が眠っているに違いないのです。

天神の受衣は、実は円爾のエピソードの借用だったことは、案外、六〇〇名を超えたという弟子たちの間では周知だったのかもしれません。少なくとも鉄牛周辺の僧侶たちが気づかないわけがない。鉄牛の前に天神が現れたという後日談的な伝承は、鉄牛の法脈に連なる僧侶たちが渡唐天神伝承の信憑性を増すために創作したのでしょう。

以上のように、無準師範から法衣を授与されたという伝承は、臨済宗においては殊更に大きな意味をもっていたようです。南北朝時代の臨済僧の龍湫周沢（一三〇八～一三八八）が無準師範（一一七七～一二四九）の衣を得ることを夢想すると、その翌日に袈裟を贈られ、「応夢衣」と名づけたという伝承があります。その袈裟は重要文化財として、今も京都国立博物館に所蔵されています（「牡丹唐草文印金袈裟」）。

4　西方のシンボリズム

最後に、飛梅と渡唐天神が飛んだ方向についても少し考えます。

飛梅伝承の原型では、梅は京の紅梅殿から西方の太宰府の謫居へ飛びました。地図上でそのコースに線を引きます。次いで渡唐天神が太宰府崇福寺から西方の中国径山に飛んだコースにも線を引くと、二本の線はほとんど一直線につながります（次頁地図参照）。これを偶然とみる向きもあるかも知れませんが、私はそこにある意味を感じます。

大将軍信仰の星辰信仰を土壌として天神信仰が成立したことは先に述べました。この大将軍神（太白星の精）の本来の定位置は西方でしたが、太白星の四方を巡る周期が、疫病流行の周期と同じと信じられたことから、疫病神の性格

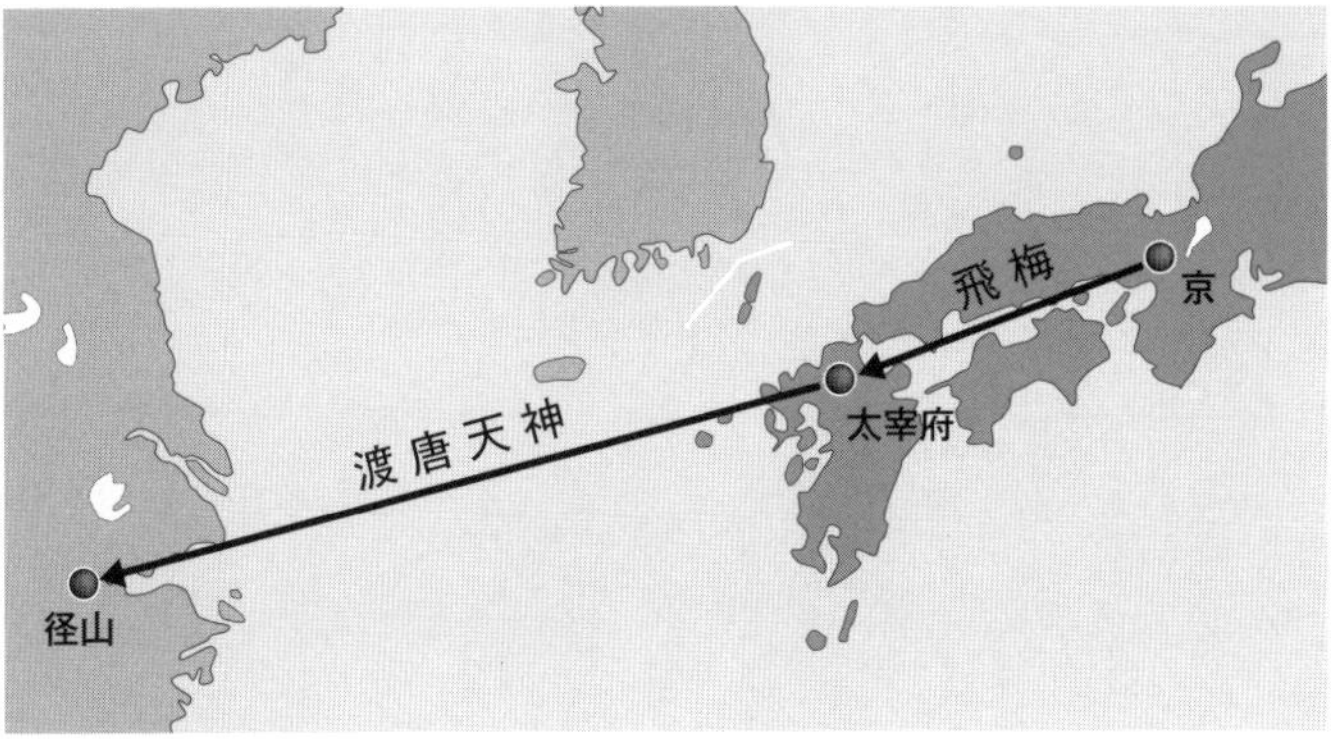

飛梅と渡唐天神のコース
京都の道真の自邸から太宰府の謫居へ飛んだ飛梅のコースを延長するように、渡唐天神は太宰府の崇福寺から中国径山の万寿寺に飛んでいる。

が生まれたのでした。そこで重要なのは、西や西北が鬼魅（特に疱瘡）の侵入角と信じられ、その方角を護るのが大将軍神だったことです。その大将軍神のもつ疫病神の神格が、天満天神に引き継がれる過程において、西方の記憶も取り込まれました。それは道真の没地である太宰府に発した疱瘡の流行が、西方から都に侵入したことと符合します。天神信仰成立後ですが、正暦四年（九九三）の太宰府発の疱瘡が都に伝播し、平安時代最大の被害をもたらしたことは先に指摘したとおりです。天神は、大将軍社の神格であった「西方の神」と「疱瘡退散の神」の双方を自らの神格として取り込んでいたのです。

また、中世には渡唐天神は渡海安全の守り神でもありました（村井康彦『武家文化と同朋衆』三一書房、一九九一年）。これも天神が「西方の神」であったことと無関係ではなく、当時、最大の危険を伴う渡海は西への航路だったことと相まって流布したのです。ですから、左遷途次の道真が大将軍社へ参拝の後に太宰府に旅立ったと伝える大阪天満宮の伝承も、道真が大将軍社に西への海路の無事を祈ったことを意味していたのです。また、天満神社（佐賀県神崎市）では、朝鮮出兵時の逸話として、佐賀藩主・鍋島直茂が漢江を航行中に風浪甚だしいため「風浪安静のため菅原大神に祈願せしめ」たところ無事に帰国できたので同神社を建立したと伝えます（『北野誌』首巻）。まさに西方、渡海の神です。

このようにみると、飛梅が飛んだ西方と渡唐天神が飛んだ西方を偶然の一致とみるのではなく、そこに鉄牛の意図が働いていると考えるべきでしょう。すなわち、飛梅伝承に接した鉄牛は、師の円爾が渡海した方向の一致に気づき、そこに天神信仰がもつ「西方」のイメージを重ねて、渡唐天神の物語を創作したと考えられるのです。そして、このような発想が可能だったのは、円爾の弟子であると同時に道真の子孫だった鉄牛以外には考えらず、「渡唐天神伝承」の成立もその没年（一三二六年）より以前に遡ることになります。

鍋島直茂（一五三八〜一六一八）肥前（佐賀県）の戦国大名・龍造寺氏の重臣。豊臣秀吉の朝鮮出兵に際しては、龍造寺家臣団を率いて従軍。佐賀藩の藩祖。

第三章

天神信仰と 鶏・牛・柘榴

十二支方位盤（大阪天満宮表大門）
大阪天満宮の表大門に吊るされている大方位盤（直径一六四センチメートル、厚さ三二センチメートル）。十二支のうち酉の位置には、鶏ではなく鳳凰の彫り物が見える。

一　道明寺鶏鳴説話

1　「鶏飼わず伝承」の伝播

本節のテキストは「道明寺鶏鳴説話」です。前章で明らかにしたとおり「飛梅伝承」は鎌倉時代の「天神縁起絵巻」に記されていますが、「鶏鳴説話」は江戸時代になってからの「天神縁起」にしか現れません。

その原型は『道明寺縁起』（道明寺天満宮蔵）に記されていますから、同縁起の書かれた享保一一年（一七二六）までに成立しています。類本の内閣文庫蔵『道明寺縁起』は道明寺天満宮蔵本より古い可能性もあるのですが、正確な成立年代は不明です。それとは別に、私は以下に述べる理由から「道明寺鶏鳴説話」の成立は、一七世紀以前には遡らないと考えています。

数ある天神伝承のなかでも、遅れて成立した「道明寺鶏鳴説話」ですが、そ

道明寺
大阪府藤井寺市にある真言宗御室派の尼寺。この付近を本拠地としていた土師氏（菅原氏の祖先）の土師《はじ》氏寺《でら》で、もとは土師氏寺。天神信仰の成立後、境内には天満社が祀られた。明治の神仏分離政策により、天満社は土師神社と改称し（現在の道明寺天満宮）、道明寺は西隣の現在地に移転した。

の広がりは飛梅伝承に匹敵するようです。では、その梗概からみておきましょう。

藤原時平の讒言《ざんげん》によって、太宰府へ左遷された道真は、その途次に河内・土師の里の道明寺（現、大阪府藤井寺市）の叔母・覚寿尼《かくじゅに》を訪ねた。二人は夜を明かして別れを惜しんだが、一番鳥が鳴いたため出立しなければならなくなった。そこで道真は

鳴けばこそ　別れも憂けれ　鶏《とり》の音《ね》の　なからむ里の　暁もがな

の歌を詠んで太宰府に向かった。このときの道真の気持ちを慮って、道明寺周辺では鶏を飼わなくなった。

この説話は、昌泰四年（九〇一）に道真が左遷された史実を踏まえたものです。「覚寿尼」については、内閣文庫蔵『縁起』が「菅参議是善卿の妹、覚寿比丘尼」と記します。道真の父で参議であった菅原是善の妹で、道真の叔母にあたるというのですが、その実在は確認できません。「道明寺」は、道真の時

菅原是善
（八一二～八八〇）平安時代の公家。参議・文章博士。菅原道真の父。京都市下京区の邸宅跡には「菅大臣神社」が鎮座する。

代には「土師寺《はじでら》」と呼ばれた土師氏の氏寺であり、道真の没後にその号を採って「道明寺」と改めたと伝えます。菅原氏は土師氏から派生した一族ですから、道明寺は菅原家にとっても氏寺であり、覚寿尼を同寺の尼僧とすることで実在感が増します。なお、この道明寺は、明治維新後の神仏分離政策によって、道明寺と道明寺天満宮に分かれ、現在に至っています。

道真に仮託された歌は、「鶏が鳴いたから、不本意に別れねばならない。明け方になっても鶏が鳴かない里はないものだろうか」と解しておきましょう。結句（第五句）の「もがな」は願望を表しますから、裏を返せば「鶏の鳴かない里なんてないのだけれど」という叶わぬ願望が詠み込まれており、悲劇性を増しているのです。

このことは、あとで道明寺鶏鳴説話の成立時期を考えるときに関わることなのですが、それはさておき、この歌を踏まえて、以後の道明寺付近では鶏を飼わなくなったと伝えられます。一番鶏が夜を明けさせたわけではなく、夜が明けたから鳴いただけなのに、鶏にとっては理不尽な言い種です。しかし、さらに理不尽さを増した類話が、福岡県三井郡北野町（現、久留米市）に伝わっています。

藤原時平は、一刻も早く菅公を都から追い出したいと思って、鶏の止まり木の竹の中に湯を通しました。鶏は時ならぬ足の温みにときをつくりました。菅公は心を残して配流の旅に出られ、この怨みが残って、鶏を嫌われたと云う。

（『北野町史誌』北野町、一九九一年）

この変形された伝承では、鶏は時平によって無理矢理に目覚めさせられたのですから、完全に被害者です。悪いのは時平であって鶏ではありません。それなのに、道真が鶏を怨み嫌ったというのでは、全くもって理不尽な話です。

実は、浄瑠璃の『菅原伝授手習鑑』に類似の語りがあります。この変形伝承は、その影響を受けたものだと思われます。伝承が芝居に取り込まれ、その芝居の趣向によって、在地の伝承が歪められることは、ほかにも事例があります。伝承の読み解きには注意が必要です。

実は「道明寺鶏鳴説話」だけではなく、鶏を忌避する説話は日本各地に伝えられ、民俗学ではそれらを「鶏飼わず伝承」と総称しています。『日本伝説大系』（全一七巻、みずうみ書房、一九八二〜一九九〇年）を繰りますと、「鶏飼わず伝承」は、南関東から九州に至る一六話が見つかりました。このうち四話は道真に関わるものですが、ほかには蘇我入鹿・行基・伊良親王・聖徳太子・後鳥羽上皇・弘法大師や、平家の落人・高野山の六部などにまつわるものがあります。たとえば、太子町（大阪府）の伝説では、聖徳太子が五〇〇個の石を積み上げて墓を築こうとしたが、四九九個目で鶏が鳴いたため、最後の一個を捨ててしまった。そのため付近では鶏を飼わなくなった、この種の話が各地に散在しているのです。

また、山中耕作編『天神伝説のすべてとその信仰』（太宰府天満宮文化研究所、一九九二年）には、道真に関わる「鶏飼わず伝承」が、先の福岡の北野町を含む一七カ所で記録されています。このうち『日本伝説大系』の四話と重複するのは道明寺の説話だけですから、道真に関わる「鶏飼わず伝承」は両書だけで計二〇話も確認できるのです。

2　不吉な鶏

では、なぜ鶏が嫌われるのか、また道真と強く結びつくのかを考えましょう。一般に、蛇や蜘蛛などが嫌われるのは、その特異な姿のためかと納得できますが、鶏の場合はほかにも似た姿のトリはいますから、その姿のためだけとは考えにくい。それなのに「神が嫌う動物として最も事例の多かったのはニワトリ」という報告があります（鈴木棠三『日本俗信辞典』角川書店、一九八二年）。鶏特有の事情がありそうです。

先にも引用した『酒呑童子の誕生』で、高橋昌明先生は妖鳥としての鶏を次のように説明しています。

> 鶏が不吉を告げる妖鳥だと考えられたのは、特別な霊力を有するがゆえに、冥界にも通じた存在と考えられていたことを示し、形代として四境から追放される役割を負わされるのは、翼をもつ鳥として、ケガレを異界まで遠く運び去る能力が期待されているからである。

モノノケを撃退する役割を果たすとともに、妖鳥、時にはケガレを移し付けられる存在と、対照的なかたちで登場するのは、境界のはらむ両義性とともに、この鳥がこの世とあの世の境目に現れる神聖な鳥で、魑魅魍魎《ちみもうりょう》の跳梁する夜と人間の活動する昼との境目を告げる境界的な鳥であることの反映であろう。

　鶏が夜と昼の境目を告げることから、一歩進めて「この世とあの世の境目に現れる神聖な鳥」という指摘は注目されます。この指摘を敷衍すれば、道明寺で鶏が鳴いたのは、道真の京都における右大臣としての栄華の生活と、太宰府での失意の生活の境目を告げる役割を、すなわち前者から後者への出立を促す役割を担っていたと考えられるからです。

　このような鶏の不気味さは、『看聞御記』の応永三二年（一四二五）二月二八日条に五代将軍・足利義量の死亡記事にからめて次の記録がみえます。

　正月一日　室町殿北野へ社参、宮廻りの時、御殿の内に声あり、当年御代

『看聞御記』
後花園天皇の父である伏見宮貞成親王（一三七二～一四五六）の日記。『看聞日記』ともいう。一四一六～一四四八年の記録（一部散逸）。

足利義量
（一四〇七～一四二五）室町中期の五代将軍（在位一四二三～一四二五）。四代将軍・義持の子。病弱のため一九歳で早世した。

尽くべしと云々、又北野に鶏、物を言ふ、今年に御代尽くべし、主上崩御あるべしと云々、此の鶏を流し捨てらると云々

「室町殿」すなわち将軍・義量が北野天満宮に参拝したとき「当年御代尽くべし」の声があり、さらに「主上」すなわち称光天皇も「崩御あるべし」という鶏の声が聞こえたというのです。称光天皇が病弱であった上に、その皇太子と目されていた小川宮がこの年二月一六日に早世し、この記録の前日二七日には義量が一九歳で急逝しています。当時の不穏な情勢を伝える逸話ですが、その舞台が北野天満宮であることは注目されます。

北野天満宮に対する足利将軍家の崇敬は、初代の尊氏からみられますが、三代・義満や四代・義持のときに最高潮に達します。義満は、長子（義持）の誕生祈願に際し、北野天満宮以外での立願を禁止したくらいです。義満の天満宮参詣は二〇回を数え、義持に至っては四〇回といいますからかなりのものです。このような将軍家の崇敬は、能のストーリーにも影響を与えます（第三章三2参照）。

先に「道明寺鶏鳴説話」は一七世紀以前には遡らないといいましたが、右の逸話のように、天神信仰と不気味な鶏の姿は、少なくとも一五世紀前半に遡るようです。

さらに、道真の先祖にあたる土師氏が古墳造営・埴輪製作・葬送儀礼などに関わった氏族であることに着目すると、古墳時代にまで遡って不気味な鶏が浮かび上がってきます。谷川健一氏は「土師氏は土器、とくに埴輪製作にたずさわってきたことから、のちに喪葬のことをつかさどるにいたった。そのばあい、鶏を鳴かせて墓域を選定するという呪術もおこない、鶏は死者と共に埋めたことから、金の鶏が土中で鳴くという金鶏伝説も生まれた」といいます（『常世論―日本人の魂のゆくえ―』平凡社選書、一九八三年）。鶏は日本人にとって最も親しい家禽だったはずですが、古代には墳墓に関わる負のイメージが強かったのです。

江戸時代に食用として飼われるようになると、農学者・宮崎安貞が「にわ鳥は人家に必ずなくて叶わぬ物なり」（『農業全書』）というほどに身近で貴重な家禽になります。しかし、それ以前は時をつくる鳥でしかなかった。室町時代

谷川健一
（一九二一〜二〇一三）
在野の民俗学者・地名学者。柳田國男や折口信夫らを批判し、独自の民俗学を確立。地名は「土地の精霊」と説き、安易な地名の変更に警鐘を鳴らした。

宮崎安貞
（一六二三〜一六九七）
江戸前期の福岡藩出身の農学者。一六九七年出版の『農業全書』（全一一巻）は、明治以前における最も体系的な農学書。

万里小路時房
（一三九五～一四五七）室町中期の公家。権大納言、内大臣。『建内記』全一〇巻（『建聖院内大臣記』『建聖院内府記』ともいう）の著者。

の公家・万里小路時房著の日記に「異朝の畜鶏は食物のためなり、本朝その儀なし、ただ時を知るのみ」（『建内記』）と記録されているように、古い時代には、鶏は食用ではなく、時をつくる「時告鳥《ときつげどり》」として飼われていたのです。

道真に仮託された「鳴けばこそ」の歌も、実は「人家に必ずなくて叶わぬ」ほどに鶏が普及してから創作された歌と推測されます。「鶏の鳴かない里なんてない」時代になっていたからこそ、この歌に悲劇性を読み取れるのです。この伝承は一七世紀を遡らないといったのはこのことなのです。

3　鶏身の雷神

先に「鶏飼わず伝承」は道真以外にも、蘇我入鹿や行基などとも結びついていたこと、そのなかでも特に道真とは色濃く結びついていたことを指摘しました。このことついて、「天神を氏神とせぬ村でも、ニワトリを禁忌している例は多いから、菅公伝説は一つの説明として付着したにすぎない」（『日本俗信辞典』角川書店、一九八二年）と簡単に片づける見方もありますが、それはあま

菅原古人
（七五〇～八一九）
奈良・平安時代の公家。文章博士、大学頭。氏姓は土師宿禰だったが、居住地名の大和国添下郡菅原邑にちなんで、一族らと菅原姓への改姓を願い出て、菅原宿禰となり、のち菅原朝臣の賜姓を受ける。

りにも短絡的に過ぎるでしょう。

「道明寺鶏鳴説話」そのものの成立は新しくても、道真と不気味な鶏の結びつきは、土師氏以来の古い伝承を受け継いだものと考えられます。土師氏が菅原氏に改姓したのは、道真の曽祖父・菅原古人の代ですから、悲運の死を遂げた道真に土師氏の時代の不吉な鶏との関わりを思い浮かべたとしても不思議ではありません。

しかし、道真が土師氏の末裔というだけではまだ不十分な説明なのです。奈良時代から平安時代にかけて、土師氏からは菅原氏のほかにも、大江（大枝）氏や秋篠氏に改姓した一族もいるのに、特に道真個人に「鶏飼わず伝承」が結びついたことを説明しなければなりません。それは、道真が同族のなかで最も歴史に名を留めたというだけではなく、実は天神信仰の成立過程で道真が雷神のイメージをまとったことに深く関わるのです。

道真が太宰府で死去した後に様々な天変地異が続いたため、それが道真の祟りだと考えられ、数々の異変のなかでも、もっとも衝撃だったのは、延長八年（九三〇）六月の清涼殿への落雷だったことは、何度か触れました。

ここで注目したいのは、古代のわが国では中国における「鶏身の雷神」のイメージを共有していたことです。現在でこそ雷の姿といえば、丑寅の鬼門にちなんだ「牛の角」と「虎皮のパンツ」が定番になっていますが、そのイメージを平安時代に遡らせることはできません。百田弥栄子氏は、中国の西南から華中にかけて広まっている「鶏身の雷神」説話を紹介されました(「鶏身の雷神から観音への展開―観音の限りなき鶏身志向を満たして―」、福田晃『民間説話』世界思想社、一九八九年)。広西チワン族自治区のチワン族の叙事詩『布伯』と『卜伯の物語』には、「雷神は布伯に捕われ鶏籠を伏せられる。兄妹が行ってみると、雷神はオンドリに変じていた」とあり、「雷神は卜伯に二本の足を斬られる。鶏をしめてその足を接いだため、雷神の足は鶏脚である」という説話です。

また、松前建氏も、明時代の随筆『五雑俎』に「雷の形は、人常にこれを見るものあり、大約雌鶏に似て、肉翅あり、その響は乃ち両翅奮い、撲ちて声を作すなり」とあることを紹介されています(「神話における日本と中国」『国文学　解釈と鑑賞』至文堂、一九六五年)。

鶏身の雷神（『三教捜神大全』）
『三教捜神大全』は、中国・万暦年間（1573～1620）に出版された、儒教・仏教・道教を含む通俗的な神仏の事典。その雷神の口は鶏のくちばし、足も鶏の足に描かれている。

林屋辰三郎
（一九一四～一九九八）日本史の研究者。京都大学人文科学研究所教授、京都国立博物館館長など。日本史研究会の創立に尽力し、部落史・地方史・女性史などの幅広い視点から中世史研究を進化させた。

これらの記録を裏づけるように、中国・明代の『三教捜神大全』には、鶏のクチバシと足を備えた雷の絵が載っています。平安時代の日本人も雷を「鶏身」だと考えていたらしい。たとえば、天安二年（八五七）六月三日の雷雨の夜、「北野の稲荷社」の空中で二羽の赤色の鶏が闘っていたといいます（『文徳実録』同日条）。「鶏身の雷神」のイメージは、雷鳴と鶏鳴の類似から生まれたことを推測させる逸話ですが、北野天満宮が創祀される以前に、北野の地で雷と鶏が結びつけられていたことは興味深いことです。さらには、万寿四年（一〇二七）五月二四日、御所の豊楽院西第二堂に落ちた雷は「白鶏」に似た姿をしていたといいます（『日本紀略』同日条）。

林屋辰三郎氏は、雷神信仰が当初は雨乞祈願であったものが、のちに怨霊信仰に変化したことを論証されています（「天神信仰の遍歴」『新修日本絵巻物全集』10、角川書店、一九七七年)。だとすると、この「雨乞→雷→怨霊」の回路も、道真に雷を接近させるのに好都合だったのでしょう。

こうして、怨霊=雷神に似た鶏が、天神信仰で忌避されることになります。ここでも、後付けの偶然がみえます。〈土師氏の不吉な鶏〉と〈雷神が鶏身だった〉という二重の回路で道真は鶏と結びつけられ、天神信仰における鶏の忌避が生まれているのです。このような偶然がある伝承が広まりやすいことは、これまでにも指摘してきたとおりです。

さらに、先の百田氏には「鶏身の雷神は小さな鶏卵から誕生した。雷神は極めて小さな子であった。(中略)雷神は〈小さ子〉なのである」という注目すべき指摘もあります。実は前述した道真系の「天神《てんじん》」が、少彦名命系の「天《てん》神《しん》」を取り込む過程において、道真自身の〈小さ子《ちいさご》〉性を強調する操作が行われています。

少彦名命はいうまでもなく〈小さ子〉神であり、「一寸法師」や「桃太郎」のはるかな先蹤です。これに「酒呑童子」を加えた三大鬼退治説話は、すべて初期の天神信仰がもっていた疫神の影響下にあるのです。先に引用した高橋昌明先生は前掲の『酒呑童子の誕生』において、酒呑童子の原像は疱瘡（天然痘）を流行らせる鬼神だったことを論証されました。一寸法師や桃太郎の鬼も同様で、疫神退散を祈願する初期の天神信仰が三大鬼退治に深く関わるのです。ここで詳しく論じる余裕はありませんが、一つだけ指摘しておきましょう。桃太郎の三匹の家来は、鬼のいる西方の「申・酉・戌」にちなむのですが、申は猿、戌は犬なのに、なぜ酉は鶏ではないのか。まさに「道明寺鶏鳴説話」の影響だという具合です。

4　十二支方位盤の鳳凰

天神信仰の影響を受けた「桃太郎説話」では、鶏の代わりは雉でしたが、大阪天満宮では鶏の代わりは鳳凰です。同宮表大門に吊るされた「十二支方位盤」には、次のような説明板が掲げられています。

表門中央に方位盤が吊してある。北にあたる処に「子」、南は「午」と十二支が浮き彫りになっている。このなかで「酉」の処が「鳳凰」になっているのが興味深い。これは、天神様が、道明寺のおばさまとの早朝の別れを惜しまれて

鳴けばこそ　別れをいそげ　鶏の音の　聞こえぬ里の　暁もがな

と詠まれたという故事によって、その神慮を憚った由縁である。当宮では、現在でも雉や鴨はお供えするが、鶏は勿論、鶏卵さえもお供えには用いていない。

十二支方位盤（大阪天満宮表大門）

十二支で方位を示すことは江戸時代までは当たり前のことでしたから、十二支方位盤は各地にみられますが、酉の位置に鶏を避けて、鳳凰を配していることは注目されます。右の説明板は、「道明寺鶏鳴説話」によってその理由を説明していますが、なぜ鶏の代わりが「鳳凰」なのかについては触れていません。鶏以外なら、雀でも烏でもよかったのか、あるいは桃太郎のように雉でもよかったのか、太宰府天満宮の絵

馬堂に懸けられている十二支方位盤も、色褪せて不分明ですが、西方は鳳凰のように見えます。以下では、天神信仰における鳳凰の意味について考えます。

周知のとおり、鳳凰は麒麟・霊亀・応龍とともに四瑞《しずい》の一つに数えられる瑞鳥で、「鳳凰群鶏と食を争わず」というような、俗界を超越し孤高を貫くイメージを備えていました。鳳凰の崇高さを示すために、群鶏と比較しているのは興味深いことですが、それだけで方位盤の鳳凰を説明したことにはなりません。

先に天神信仰成立のバックボーンとして大将軍信仰があったことを紹介しましたが、この大将軍神（＝太白星の精）の乗り物が実は鳳凰だったのです。「五星二十八宿神形図巻」（大阪市立美術館蔵）には、鳳凰に乗った太白星（金星）が描かれています。

また、大阪天満宮の夏大祭である「天神祭」は江戸時代には道真の誕生日とされる六月二五日に斎行されていましたが（明治以降は新暦に読み替えて七月二五日）、平安期には七月七日だったと考えられています。とすると、七夕伝説に関わる重要な神格として、西王母の存在にも注目しなければなりません。

なぜなら、西王母も鳳凰を乗り物としていたからです（出石誠彦「鳳凰の由来について」『支那神話伝説の研究』中央公論社、一九七三年）。

果たして、大阪天満宮の方位盤に彫られた鳳凰が、太白星か西王母のどちらの乗り物としての記憶を反映したものかはわかりませんが、いずれにせよ天神信仰を構成する星辰信仰の名残であることは明らかでしょう。

しかも、山中理氏によって、空想の鳥「鳳凰」の姿は、古代の中国で鶏をモデルにしたことが明らかにされています（「鶏変じて鳳凰になるかならないかの巻」『日本美術工芸』六四八〜六五一号、日本美術工芸社、一九九二年）。大阪天満宮の方位盤に、鶏の代わりに鳳凰が選ばれた頃には「鶏飼わず」伝承の本来の意味も忘れられており、むしろ鳳凰が鶏に似ていることは、イメージギャップが少ないという意味において、好都合でこそあれ、妨げになることはなかったのでしょう。

5　浄瑠璃『菅原伝授手習鑑』の鶏

天神信仰における鶏は、芝居の世界にも羽ばたきます。人形浄瑠璃や歌舞伎の『菅原伝授手習鑑』で、鶏は重要な役割を与えられています。たとえば、先に福岡県三井郡北野町において藤原時平が竹の止まり木に湯を通して夜明け前に鶏を鳴かせた逸話を紹介しましたが、この趣向は『菅原』の二段目「東天紅の段」のものでした。それは以下のような展開です。

藤原時平（正しくは「ときひら」ですが、芝居では「しへい」と読みます）の讒言によって太宰府に左遷される菅丞相《かんしょうじょう》（芝居における道真の呼称）は道明寺の叔母・覚寿尼を訪ね、叔母への形見とするための自身の木像を彫っています。時平の一味である土師兵衛《はじのひょうえ》・宿禰太郎《すくねたろう》の父子は、夜明け前に鶏を鳴かせて菅丞相を覚寿尼の館から連れ出して殺そうと企み、兵衛は次のように語ります。

イ、ヤ、その分では鳴かぬ筈。宵鳴きは天然自然、極めては鳴かぬもの。
それを鳴かすが秘密事。大竹の中へ煮え湯を入れ、その上に留まらすれば、陽気の廻るを時節と心得、時を作る。

まさに北野町の伝承と同じです。山中耕作氏が「竹の止まり木に湯を通して鶏を鳴かせるのは、歌舞伎『菅原伝授手習鑑（延享三年・一七四六初演）』の影響であろう。比較的新しい伝承である。」と指摘されるとおりです（前掲『天神伝説のすべてとその信仰』）。

『菅原』は、この年八月に大阪の竹本座で文楽初演されると、早くも九月には京都の中村喜世三郎座で歌舞伎初演されていますから、その人気のほどが知られます。北野町の鶏鳴伝説は芝居の影響で改訂された結果ですから、本書で繰り返している伝承に込められたメッセージを読み取る作業は必要ありません。芝居を面白くするための作者の創作なのですから。語り伝えられる伝承のなかには、このように当初の姿を歪めてしまった例も多々あるので注意が必要です。

さて舞台では、兵衛・太郎父子の悪巧みを、太郎の妻・立田が聞いてしまいます。それに気づいた父子は、立田を殺して館の庭の池に投げ込み、そこで兵衛は鶏を鳴かせる別の方法を思いつくのです。そこで語りとなります。

淵川《ふちがわ》へ沈んで知れぬ死骸は、鶏を船に乗せて尋ぬれば、その死骸の在り所で時を作る、鶏の一徳思ひ出し、池へ沈めた立田が死骸、今一役に立て、見る、旨い手番《つが》ひ。

すなわち、鶏を船に乗せて、池底に沈む立田の遺体の上にやれば鶏が鳴くという手番（＝手筈）に作戦変更というわけです。兵衛が挟み箱の蓋に鶏を乗せて池中に追いやると、「アレ〳〵太郎、羽叩きするは死骸の上か。そりゃこそ鳴いたは東天紅」という次第で（「東天紅」は鶏の鳴き声）、首尾よく菅丞相を連れ出すのです。しかし、連れ出された菅丞相は実はあの「形見の木像」で、兵衛らの企みは失敗し、菅丞相は無事に太宰府へ旅立つのです。

ちなみに、この木像は現在の道明寺に伝わる国宝「十一面観音立像」が道真の作だとする伝承をヒントにした創作でしょう。さらにいえば、「立田」の名は斑鳩町の竜田神社の祭神「竜田比女（立田姫）」に響かせているようです。同社の神鶏が登場する謡曲「鶏竜田」の後シテ「鶏の霊」は鶏の作り物を頭に頂いて舞うのです。「立田」の名は彼女の運命の伏線だったのです。江戸時代の芝居好きは、「立田」の上で鳴く鶏の趣向に膝を打ったに違いない。

　さて、この遺体の上で鶏を鳴かせる企ては、かつて土師氏が墓域を占定するために鶏を放し、その鳴いた場所に古墳を作ったという伝承を思い出させます。先の止まり木に湯を通す趣向は伝承が芝居の影響を受けたのに対し、このシーンでは古い伝承が芝居に取り込まれたというわけです。「桜の樹の下には屍《し》体《たい》が埋まっている」と書いたのは梶井基次郎ですが、古い時代には〈鶏鳴の下には死体が沈んでいる〉という思念があったようです。

　世阿彌の作とされる能「船橋」には「鶏を舟に乗せて漕ぎ廻るならば、死骸の上にて時を作るものなりと申す」という台詞があります。鶏を船に乗せて死骸を捜す習慣は、少なくとも一五世紀前半には広まっていたようです。その習慣は明治期にも引き継がれました。明治二〇年（一八八七）刊行の国語辞書『和訓栞』の「にわとり」の項に次のように記されています。


　水に溺れたる尸骸をたづぬるには、舟にのせて浮むれば尸骸あるところにて、時をつくるといい伝えたり。諏訪の湖にても沈没の人あれば此の法を

世阿彌
（一三六三？～一四四三？）
室町前期の能役者・能作者。三代将軍・足利義満の庇護を受け、父・観阿彌とともに能を大成するとともに、『花姿花伝』『花鏡』など数多くの能楽論書を残した。

せりとぞ

鶏を乗せた舟を浮かべれば、鶏は尸骸（死体）の上で鳴くというのだから、全く『船橋』と同じです。

そして、一九八〇年になってもその習慣は受け継がれていたといえば驚かれるでしょうか。同年一二月二日に愛知県で女子大生誘拐殺人事件が起こっています。その後、犯人が死体を木曽川に投げ込んだと供述したため、地元民が矮鶏《ちゃぼ》を舟にのせて木曽川の水面を捜し回ったが、矮鶏は鳴かなかったというニュースがテレビで放映されました。伝承の根強さを思い知らされる出来事でした（前出『常世論』）。

二　神牛伝承

1　道真と牛

本節では、天神信仰における「牛」の意味を考えます。牛は天神の使いとされ、各地の天満宮では、必ずといっていいほど境内に牛の像が見られます。それも「臥牛」（臥せて腹を地に付けた姿の牛）の像です。なぜ牛が天神の使いとされるのかについては、様々に説明されています。

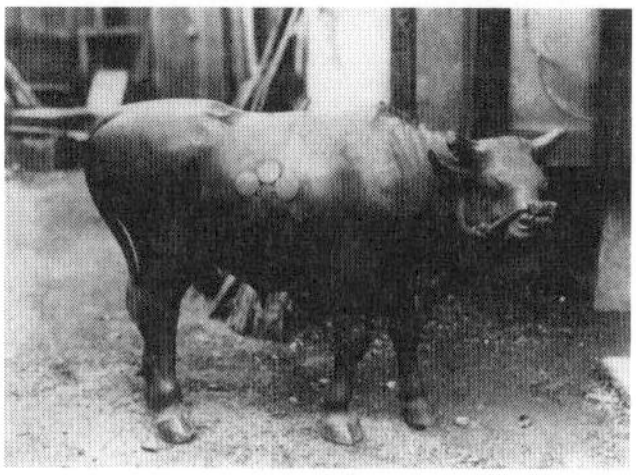

臥牛像（大阪天満宮境内）
（上）大阪天満宮にある五体の臥牛像のうち最も大型の像。（下）なお、大阪天満宮には臥牛ではなく四足で立ち胴に梅鉢紋を刻した珍しい立牛像があったが戦時中に金属供出された（『銅鉄供出品写真集』大阪天満宮）。

和気清麻呂
（七三三〜七九九）
奈良・平安時代の貴族。本姓は「磐梨別《いわなしわけの》公《きみ》」のち、和気宿禰、和気朝臣に改姓。道鏡の皇位簒奪を宇佐神宮の神託によって退けた。幕末に孝明天皇から「護王大明神」の神号を賜り、護王神社に祀られた。

もっとも単純なのは、道真が丑歳生まれだったからというもの、たしかに道真の誕生年とされる承和一二年（八四五）の干支は乙丑です（没年も丑歳だというのは間違いです）。しかし、道真以降に数多くの実在の人物が神格化されていくなかで、それぞれが十二支を神使にしているわけではありません。たとえば、和気清麻呂を祭神とする護王神社では猪が神使なのですが、清麻呂は酉歳でした。なぜ、天神だけが十二支を強調されるのか、丑歳だからというのは、やはり偶然による後付けでしかないように思えます。もっともらしい偶然による後づけは、広く流布した伝承に付きものだということはたびたび指摘したところです。

さて、道真と牛のつながりについては、筑紫において（一説には讃岐守として赴任中に）荒牛を鎮めたとか、太宰府へ向かう途中に二度もその身を救われたというような民話が各地に残ります。しかし、これも牛が神使であるという伝承が成立してからの後付けの潤色的な説明でしかないようです。

注目すべきは、道真の没後、その輀車《じしゃ》（貴人用霊柩車）を牽く牛が安楽寺四堂で座り込み動かなくなったので、その地に天原山廟院安楽寺（のちの太宰府天満宮）を建立したという説明です。現在、各地の天満宮に奉納されている牛像がすべて「臥牛像」であることと符合する伝承です。「臥牛像」の説明としては魅力的ですが、これも、この説が流布された結果、臥牛が奉納されるようになっただけのことです。なぜ牛が天神の神使になったのかを説明するものというよりは、それを一般にわかりやすく説明するための方便だったとみるべきでしょう。

2　天神信仰と牛の研究史

この問題を解くには、道真と牛の直接的な関わりを探るよりも、天神信仰における牛の意味を考えるべきでしょう。竹内秀雄氏は道真の神号「天満大自在天神」に着目し、その「大自在天」は仏教にいうところの八臂三眼（八本の腕と三つの目）の姿で白牛に乗る護法神をさすことから、道真に白牛が仮託されたとの説を提示されました。この竹内説については、神号から「大自在天」を抜き出すことに私は違和感があります。神号「天満大自在天神」の意味につい

竹内秀雄
（一九〇九〜一九九二）日本史の研究者。東京都立高校教諭、國學院大学講師。北野天満宮の嘱託を務め、日本歴史叢書『天満宮』（吉川弘文館、一九六八年）を著した。

大威徳明王（『三本両部曼荼羅集』）
五大明王の一。西方の守護神。サンスクリット語では「ヤマーンタカ」といい「ヤマ（閻魔）を征服する者」の意。六面六臂六脚の忿怒相で水牛にまたがる姿で描かれる。

大自在天（『三本両部曼荼羅集』）
もとはヒンドゥー教におけるシヴァ神。「偉大なる主宰者」を意味する「マヘーシュヴァラ」の別名をもつ。仏教では、自在天外道の主神とされ白牛にまたがる姿で描かれる。

ては、星辰信仰に基づく〈天に満ち自在に動く天の神〉なのですから、「天満・大自在天・神」ではなく「天満・大自在・天神」と理解しなければなりません。

とはいいながら、伝承の読み解きには様々な視点からの試みが大切であることは、これまでにも繰り返してきたことです。その意味では、神号への着目から読み解く姿勢は一概に否定できない気もします。そこで、私もその驥尾に付して、神号について読み解きを模索したことがあります。着目したのは、道真のもう一つの「大威徳天神」という神号です。それは、仏教にいう六面六臂六足、忿怒の形相で水牛に座す姿をした「大威徳明王」を連想させます。この「大威徳明王」を介して天神信仰に牛が取り込まれたと考えると都合のいいことがあります。それは、道真を描いた天神画像の中には「怒り天神」と呼ばれる像容が少なくないからです。無実の罪で左遷された怒りを表すものと説明されてきましたが、それは「大威徳明王」の忿怒相に通底するといえなくもないのです。

さらには、道真の別名「火雷天神」についても、仏教の「火天」や「焔魔天」に響き合うことに注目することもできます。「火天」「焔魔天」ともに牛の上に座して描かれることが多いのです。しかし考えてみれば、インドでは、牛は聖なる存在とされるのですから、牛に乗った仏像が多いのは当たり前で、それを天神信仰と結びつけるのは、牽強付会だとの非難を受けるかもしれません。やはり、もっと根源的なところで、天神信仰の牛を考えるべきでしょう。

根源的なという意味では、佐伯有清氏の「殺牛祭神信仰」への着目は魅力的です。佐伯氏は、当初は「雨乞」のために牛を捧げる農耕儀礼だった「殺牛祭神信仰」が、天神信仰の成立を機に、祟りを除く「怨霊信仰」に飛躍したと論証されたのです（「八・九世紀の交における民間信仰の史的考察」『歴史学研究』二二四号）。ちなみに、天神信仰の源流の一つともいえる「雷神信仰」も「雨乞」

佐伯有清
（一九二五〜二〇〇五）日本古代史の研究者。北海道大学教授、成城大学教授など。著書に『新撰姓氏録の研究』『牛と古代人の生活』など。

から怨霊信仰に飛躍しています。林屋辰三郎氏は、この佐伯説を発展させて、牛が天神の神使とされるのは「それが殺牛祭神信仰のくずれた形であるばかりでなく、やはり農耕生活の祈雨信仰にまで通ずる、一貫した天神信仰を持ちはこんだものであって、牛は雷とともに忘れることのできないかくれた祭神であった」と理解されました。このように御霊信仰を介在させて天神信仰と牛の関わりが明らかにされたのです。林屋氏が「かくれた祭神」と位置づけられた「雷」については、前節で鶏について検討した際にも重要な意味をもっていましたが、本節の牛も「かくれた祭神」だったのです。

石田英一郎氏は、比較民族学の立場から「雄牛と雷神の緊密な結合」を説き、加えて、世界各地に「雄牛に乗る雷神」が広まっていることを紹介した上で、「雷神である北野天神が牛の背にまたがる」ことは必然だったと指摘されました（『新版河童駒引考』東京大学出版会、一九六六年）。こうした世界的視野からも、雷神信仰を介して天神信仰と牛の結合は説明されるのです。

石田英一郎
（一九〇三～一九六八）文化人類学者・民族学者。元男爵。東京大学教授、多摩美術大学学長など。著書に『河童駒引考』『桃太郎の母』など。

3　土牛童子

以上、天神と牛についての研究史を大雑把に整理してみました。これだけ該博な先学の見解を示されては、さらに付け加えることはないようですが、敢えて、これまで注目されなかった「土牛童子」からの視点を提示しておきます。

『延喜式』によれば、大寒の日の前夜には、疫病を祓うために土製の「童子に牽かれる牛」の像を宮城の諸門に立て、立春の前夜に撤収したといいます。

土牛童子（『政事要略』）
本来は十二支に応じた一二の方位にある一二門だが、この図では上西・上東の二門を加えている（ただしこの二門には土牛童子は立てられない）。

疫病を祓うといえば、天神信仰のルーツともいえる「道饗祭」も都に疫病が入るのを防ぐ神事でした。「道饗祭」は六月と一二月の晦日ですから、大寒前夜と日にちは異なりますが、疫病の侵入を防ぐという意味では同類の行事です。

『続日本紀』の慶雲三年（七〇六）の追儺会《ついなえ》の記事には「天下諸国に疫疾あって、百姓多く死す。始めて土牛を作りて大いに儺す」とみえます。大寒の日に宮中の一二の門に色違いの「土牛童子」を立てるのですが、東の陽明門・待賢門には青、南の美福門・朱雀門には赤、西の談天門・藻壁門には白、北の安嘉門・偉鑒門には黒、そして、東の郁芳門・南の皇嘉門・西の殷富門・北の達智門には黄の土牛童子を立て、立春の日の前夜半時に撤去したといいます。

江戸時代になっても「土牛童子」の習慣は続いていたらしく、天保三年（一八三二）刊の『大日本年中行事大全』の「大寒ノ日」の項に「土牛の童子の像を立る。むかし慶雲二年に天下に疫疾はやり、万民多く死せしかば、土牛を作りて疫神を祭れり。大寒の日夜半に、陰陽師に土牛童子の形を作り門々に立る也」とあります。江戸時代のそれは、古代の国家行事とは異なり、陰陽師の民間信仰的な習俗です。

この土牛に込められた疫神信仰を介しても天神信仰と牛が結びつけられたとみるのが私の視点です。つまり、疫病退散の天神信仰が成立した時、「土牛」の記憶が結びついたのではないかということです。

さらに牛を牽く「童子」に着目しても、小さ子神信仰を経て天神信仰と牛の関わりを想定できます。各地の「天神」には五条天神に代表される少彦名命を祭神とした「天神」と、道真を祀る「天神」のあることは先に指摘しましたが、天神信仰が成立すると後者が前者を取り込んだ事例も数多くみられます。そのために天神信仰のなかには道真を小さ子神とみた名残りが確認できるのです。とすれば、「牛」を牽く「童子」が天神信仰と無関係なわけがない。

このように天神信仰と牛を結ぶ回路は実に様々な側面で確認できます。これらのうちのどれか一つが正解というのではなく、いまでは消えてしまった記憶も合わせ寄り添いながら天神のシンボルを牛とする意識を形成したと理解しておきましょう。

三　柘榴天神伝承

1　「柘榴天神伝承」のテキスト

バラエティに富む天神伝承のなかでも異彩を放つのが「柘榴天神伝承」です。道真が太宰府で没してまもなく、比叡山の法性坊尊意のもとに道真（の霊）が現れる物語です。伝承を紹介する前に、尊意について簡単にみておきましょう。

尊意は、道真より二一歳年下ですが、若くして天台の奥義を極め、道真の仏教の師とされます。六一歳で天台座主になり、その法験あらたかで、平将門や道真を調伏したという伝説もあり、神仏分離以前には各地の天満宮にも祀られ、太宰府天満宮の境内には現在でも末社「尊意社」が祀られています。

大阪天満宮では、本殿に道真を含む五柱が祀られていますが、うち一柱は尊意でした（明治の神仏分離政策により除かれ、現在はその代わりに野見宿禰を

法性坊尊意（八六六～九四〇）平安中期の天台宗の僧。一三世天台座主。九二五年の大旱魃に、醍醐天皇の詔を受けて「祈雨の法」で雨を降らせ、また平将門の乱の調伏にも霊験があったと伝える。能『菅丞相』でも菅原道真の霊を調伏する。

野見宿禰
『日本書紀』によれば出雲の人。天皇の命により、当麻蹶速《たいまのけはや》と相撲をとって勝ち、朝廷に仕えた。殉死の代わりに埴輪の埋葬を献言し、土師臣の姓を与えられた。菅原氏の祖先。

祀っています）。同宮の夏大祭「天神祭」では、鳳神輿に道真が、玉神輿には法性坊尊意が載って渡御していました。本殿から出た道真が荒ぶる神になったとき、尊意が調伏するために付き従っていたわけです。

では、承久本『北野天神縁起』巻五第三段から、「柘榴天神伝承」を要約しておきます。まずはその前半から。

尊意社（太宰府天満宮）
太宰府天満宮の末社。本殿の東方、廻廊外に祀られている。

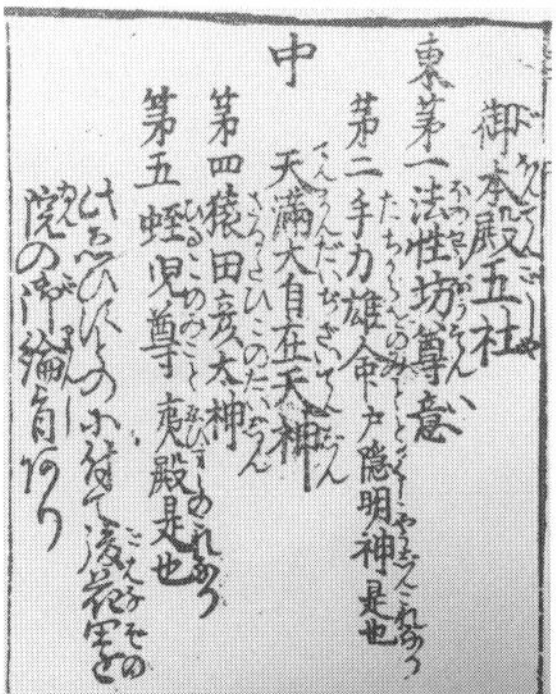

御本殿五社
東第一 法性坊尊意
第二 手力雄命 戸隠明神是也
中 天満大自在天神
第四 猿田彦太神
第五 蛭児尊 夷殿是也

五柱（『摂州西成郡南中島惣社天満宮略御縁起』部分）
本殿の右から「法性坊尊意・手力雄命・天満大自在天神・猿田彦大神・蛭児尊」と祭神の五柱を記す。

比叡山の法性坊尊意のもとに道真（の霊）が現れる。尊意が四〇歳ばかりのときだった。午前三時頃に、尊意が観想していたところに、ふいに道真が妻戸を叩いた。尊意は道真を持仏堂に招き入れ、「何事ですか」と尋ねると、道真は「私はすでに梵天と帝釈天の許しを得ているので、神祇に諫められることはない。いまから御所に行って仇を討つ。そこで法験によって道真を調伏するようにという勅命があっても断ってほしい。私はあなたと〈師檀《しだん》〉の契りを結んでいたのだから」と頼んだ。

いずれ下るはずの勅命を巡って尊意と道真の対決場面です。尊意が四〇歳ばかりのときといいますから、道真没後二年目の延喜五年（九〇五）にあたります。この道真の霊の登場の場面をヒントにして、のちに鉄牛が「渡唐天神伝承」を創作したことは先に指摘したところです。時刻は、原文では「五更未だ致さずほど」とありますから、午前三時頃としました。道真が仇を打つ相手は、いうまでもなく道真を左遷した醍醐天皇にほかなりません。

このとき、醍醐天皇が尊意の法験を期待するという設定は、のちに延長八年

（九三〇）の清涼殿落雷によって醍醐天皇が臥せったときに尊意が加持した史実を踏まえているのでしょう。さらには尊意が平将門を調伏したという伝説の影響も認められます。平将門が天神の位記により「新皇」に就いたことは本書冒頭で紹介したところです。これに対し「天台座主尊意は、悪しき法を行て将門を殺せり」（『僧妙達蘇生注記』）と伝えられるのです。さて、伝承の後半に移りましょう。

尊意は道真に応えます。「たしかに〈師檀〉としての親しみは生前だけのことではないのだから、あなたのためなら、勅命に背いて眼を抜かれたとしても痛くはない。しかし、天下はすべて王土であるから、そこに住みながら勅命が三度も下れば断れない」と答えると、道真の顔色が変わった。尊意が「喉が渇かれたでしょう」と柘榴を勧めたので、道真はそれを口に含んで妻戸に吐きかけると、柘榴は燃え上がった。しかし、尊意が「灑水の印」を結ぶと火は消えた。その焦げた妻戸は今も本坊にある。

灑水
「灑」は水を注ぐ意。密教の儀式を行う前に、道場や法具などに、加持した香水を注いで煩悩・穢れを浄める儀礼。

尊意が、三度の勅命があれば内裏に駆けつけ、あなたを調伏すると答えたので、道真の顔色が変わる、伝承の山場です。ここで尊意は唐突に柘榴を勧めるのですが、これがよくわからない。喉の渇きを潤すのなら水か茶でしょう、なぜ柘榴なのか。この疑問は最後に解くことにします。「灑水《しゃすい》の印」とは、密教で香水《こうずい》（仏前に供える水）を注いで加持するときの印相をいいます。

さて、「柘榴天神伝承」に込められたメッセージは意外に簡単です。それは北野天満宮に対する比叡山の優位を説くものだったのです。天台五門跡の一である曼殊院門跡は、北野天満宮を統括する「別当」を兼ねていました。神仏習合の時代ですから、天台宗比叡山延暦寺と北野天満宮は本末関係なのです。「天神縁起」において天台座主の尊意がその法験で道真を調伏する場面は、その上下関係を歴然とさせるためだったのです。

2　能『菅丞相』と『雷電』

二〇〇二年は全国の天満宮で、道真の没後一一〇〇年を記念する「菅原道真公一一〇〇年祭」の祭事が行われ、大阪天満宮でも、その一環として能『菅丞相』を約五〇〇年ぶりに復活上演しました（監修・天野文雄、演出・大槻文蔵）。

『菅丞相』は、能を大成した観阿彌（一三三三～一三八四）・世阿彌親子の時代に「天神の能」と呼ばれていたもので、『太平記』や『北野天神縁起絵巻』などに取材した作品です。この『菅丞相』を翻案したのが、現代でも上演される『雷電』です。『菅丞相』は早く室町後期に廃曲となったようですが、『雷電』は、天文三年（一五三四）の記録を最古とし現代に至るまで演じ続けられています。以下、両作品の「柘榴天神伝承」の扱いを中心にみていきましょう。

観阿彌（一三三三～一三八四）南北朝期の能役者・能作者。息子の世阿彌とともに能を大成した。『自然居士』『小町（現、卒塔婆小町）』『四位少将（現、通小町）』などは、観阿彌の原作という。

世阿彌→一六五頁頭注参照。

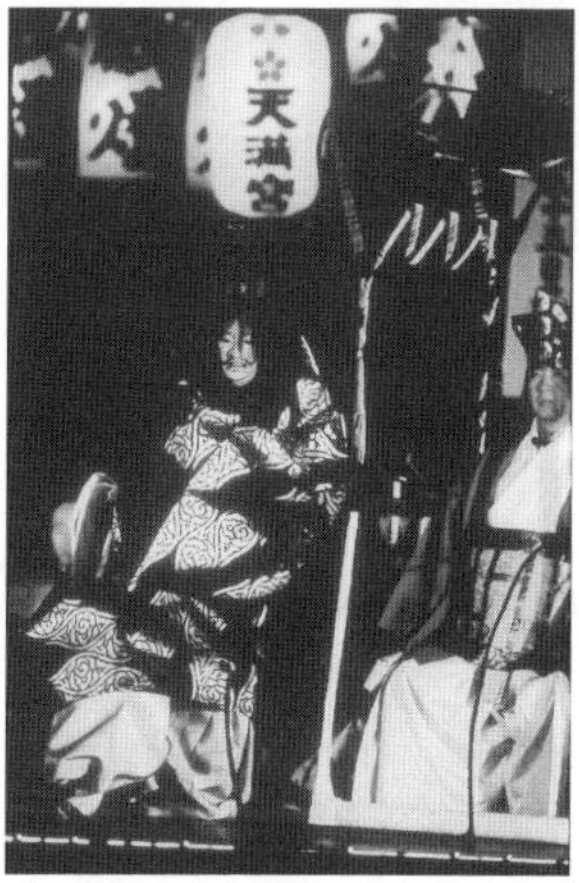

能『菅丞相』（提供：セクターエイティエイト、撮影：八木洋一氏）
2002年4月26日、菅原道真没後1100年を記念して、長く廃曲となっていた『菅丞相』を約500年ぶりに復曲、大阪天満宮で上演された。

『菅丞相』の前段では「柘榴天神伝承」に基づいて、道真の霊と法性坊尊意が対決します。後段では、尊意が牛車で内裏に向かおうとするのを、火雷神を従えた菅丞相の霊が賀茂川を氾濫させてその行く手を阻む「尊意渡河」に取材しています。

一方の『雷電』は、前段では『菅丞相』

と同じ「柘榴天神伝承」の場面を踏襲していますが、後段では、尊意が内裏で祈祷しているところに、道真の怨霊が雷神となって現れ、尊意の法力で鎮められる場面に代えています。

では、『菅丞相』の前段、尊意が三度の勅命があれば参内せざるを得ないと答えた直後の場面を引いてみましょう。

菅丞相おん気色変り、わが恨みのほどを見せ申さんとて、仏壇にありし柘榴をとって噛みくだき、妻戸へくわっと吐きかけたまえば、柘榴はたちまち火焔となって燃えあがる、炎にまぎれて失せにけり、炎にまぎれて失せにけり。

「おん気色変り」とは、「怒りの表情に変わって」ということ。興味深いのは、『北野天神縁起』では、尊意が菅丞相に喉の渇きを潤すために柘榴を勧めたのに、ここでは仏壇に供えられていた柘榴に変えられていることです。また『縁起』では、燃え上がった炎は尊意の「灑水の印」によって消されましたが、ここで

鑁字
密教用語で梵字の音訳。金剛界の大日如来の本体を示す梵字をいい、「智慧」の意。

は尊意の法力は発揮されないままに、菅丞相は退場しています。尊意の法力に注目してください。

一方の『雷電』では、この場面を次のように描いています。

その時、丞相姿、にわかに変わり鬼のごとし、折ふし本尊の御前に、柘榴を手向け置きたるを、おっ取って噛み砕き、おっ取って噛み砕き、妻戸にくわっと吐きかけ給えば柘榴たちまち火焔となって扉にぱっと燃え上がる、僧正御覧じて、騒ぐ気色もましまさず、灑水の印を結んで、鑁字《ばんじ》の明を唱え給えば火焔は消ゆる。煙の内に立ち隠れ、丞相は行方も知らず失せ給う。行方も知らず失せ給う。

柘榴が、本尊前のお供えであることは『菅丞相』と同じです。しかし、柘榴が燃え上がると、尊意は「灑水の印」を結び、「鑁字の明《ばんじのみょう》」を唱えて消火しています。「鑁字の明」とは、密教で金剛界の大日如来に帰命することを唱える呪文です。この、尊意の法力で炎を消すシーンは『天神縁起』を踏襲したものですが、ここが『菅丞相』との大きな違いです。

念のために、『太平記』で同じ場面をみると、右の両作とも少し異なります。

菅丞相御気色にわかに損じて、御肴に有りける柘榴を取ってかみ摧き、持仏堂の妻戸に颯と吹き懸けさせ給いければ、柘榴の核《さね》、猛火となって妻戸に燃えつきけるを、僧正少しも騒がず燃火に向かい、灑水の印を結ばれければ、猛火たちまちに消えて妻戸は半ば焦げたるばかり也。

ここでの柘榴は、来客（菅丞相）へのもてなしの品に変わっています。『北野天神縁起』では、喉の渇きを潤すための柘榴で、『菅丞相』『雷電』では仏壇のお供えの柘榴、そして、『太平記』では、もてなしの柘榴というように揺れ動いています。この揺れにはそれなりの理由があるのですが、その意味についてはあとで考えましょう。燃え上がった炎を「灑水の印」で消火したのは、『天神縁起』や『雷電』と同じです。

ちなみに、このときに菅丞相が被る能面「飛出《とびで》」は、この場面のために作られたといいます。「飛出」というのは、口を大きく開き、眼をむき出した異相の面で、世阿彌『申楽談義』によれば「飛天（飛出）は、菅丞相の柘榴くわっと吐き給える所を打つ。天神の面、天神の能に被（着）しよりの名なり」（岩波文庫、一九二八年）とあります。ここにいう「天神の能」が『菅丞相』なのです。その前ジテに「天神の面」が、後ジテに「飛出」が用いられたと、天野文雄先生は推測されています（天野文雄『能苑逍遥（中）能という演劇を歩く』大阪大学出版会、二〇〇九年）。つまり中入直前の場面で天神は鬼神になるのですから、後段では「飛出」の異相で登場するという訳です。「参内しないでほしい」という願いを拒否された菅丞相の怒りを表現するために、あの独特の「飛出」が作られ、今に伝わっているのですから、天神伝説の影響をうかがわせるエピソードとして紹介しておきます。

能面「飛出」（大槻能楽堂蔵）
口は大きく開き、目は飛び出して見開いた形相の面。「大飛出」と「小飛出」がある。

さて、『北野天神縁起絵巻』の第三段「柘榴天神」に続く第四段は「時平抜刀」です。清涼殿に落雷があり（この落雷は延長八年の史実としての落雷ではありません）、時平一人が刀を抜いて雷神と対決します。この落雷を受けて、比叡山の尊意の元に宮中に来るように三回の勅命が下るのが第五段の「尊意渡河」です。内裏に駆けつけようとする尊意の行く手を、道真の霊は鴨川を氾濫させて阻もうとしますが、いざ、尊意が渡河しようとすると、洪水は収まり「陸地のごとく」になったといいます。その絵をみると、尊意の乗る牛車を通すべく、鴨川の水が左右に割れています。

まるで『旧約聖書』の「モーゼの奇跡」です。エジプトで迫害を受けていたイスラエル人を助けるため、モーゼは彼らを率いてパレスチナに向かうのですが、追っ手に紅海の海岸まで追い詰められます。このとき、モーゼが杖を高く掲げると、紅海は真っ二つに割れて海底が道となって出現したという奇跡です。『北野天神縁起絵巻』が描く「尊意渡河」の尊意は、映画『十戒』のモーゼ（チャールトン・ヘストン）に重なるのです。

『菅丞相』の後段はこの「尊意渡河」に取材したものです。尊意は勅命に応えて宮中に向かう。火雷神が賀茂川と白川を氾濫させて行く手を阻み、菅丞相の怨霊も登場する。しかし、尊意の願いを受け入れた菅丞相は、牛車を内裏まで案内する、という筋です。ここでは尊意は法力で洪水を鎮めるのではなく、菅丞相に対し「かりそめながら、師匠の恐れ、または王法の、宣旨はいかに、はや退き給え」と口説くのです。つまり「かりそめにも私はあなたの師だ。天皇の命を伝える宣旨によって参内しようとしている。早く退いてください」という感じでしょうか。

菅丞相は、その言葉に応えて、尊意の乗る牛車を内裏まで案内することになります。菅丞相が自ら牛車の轅《ながえ》（牛車の前に突き出した二本の棒）を曳いて内裏に向かう場面は、両者のスペクタクルを期待する向きには、いささか拍子抜けの感があります。このあとに、「帝もご平癒（天皇の悩みも去って）天下太平、国土安穏」と続くので、朝廷権威への配慮によるものかと思われます。

では『雷電』の後段はというと、「尊意渡河」の場面ではなく、内裏で祈祷する尊意に雷神（道真の怨霊）が現れるシーンに変わっています。雷神は御所のアチコチに鳴り響きますが、なぜか尊意のいる場所は避けるのです（尊意の法験が雷神に勝っていることを示しています）。尊意が、経典「千手陀羅尼」を読み終えると、雷神は「これまでなれや。許し給え」と謝罪し、天皇から「天

鳴り響き
能の宝生流は、江戸時代には加賀藩の前田氏の支援を受けており、前田氏が菅原道真の子孫と伝えることに遠慮し、雷神が内裏に鳴り響く場面は、雷神が朝廷を寿いで舞うように改作して『来殿』の名で上演する。

満大自在天神」の名を贈られて、天に昇ります。

『菅丞相』と『雷電』におけるこれらの違いについて、小田幸子氏は前者を「復讐型」の鬼能、後者を「調伏型」の鬼能に分類し、「〈菅丞相〉が作られた時代には、受難に対する同情と報復の激しさに対する畏怖の念を以て道真を理解していたことも物語る。ところが、〈雷電〉には、それよりも、鬼は調伏すべきだとの意識の方が先行」していたことによると説きます。それは、言い換えれば「帝に御悩を企てる如き存在を縦横に活躍させてその威力を称賛するような作品を許容し難くなっている時代意識」が影響しているのだというのです（「天神の能」『芸能史研究』73）。

小田氏の指摘に首肯した上で、足利将軍権力の盛衰も考慮しておきたいと思います。先述のとおり、足利将軍家は北野天満宮を崇敬していましたから、その全盛期に作られた『菅丞相』の「柘榴天神」では、道真が燃え上がらせた柘榴の焔は消されずに、「尊意渡河」でも尊意の願いを聞いた道真が自ら内裏に案内しました。将軍家が崇敬する道真への配慮です。しかし、将軍家の衰退期に作られた『雷電』では、尊意の法力の前に道真は無力でした。将軍家への気遣いは無用になっていたのです。

3　柘榴ではなく海柘榴

では、最後におまけの仮説にお付き合いください。

私は「柘榴天神伝承」に気懸りなことが一つあります。それは、燃え上がったのが柘榴であること。もちろん、尊意がその法験によって、火を消し止めることによってその優位性を示していることはわかるのですが、なぜ「柘榴」が燃え上がったのかということです。「柘榴」を割った中身が火のように赤いからと説明するのは簡単ですが、それだけでは納得できない。

『天神縁起』では、道真と息詰まる対決のなかで、尊意はなぜ柘榴を勧めたのでしょうか。「喉が渇かれたでしょう」というもてなしならば、飲み物を勧めればいい。そこで『太平記』では、来客へのもてなしに変えられています。それでも、真夜中の突然の、しかも霊の訪問に、やはり柘榴は不自然でしょう。そのため、『菅丞相』や『雷電』では仏壇のお供えにして、不自然さを薄めました。柘榴をお供えにすることは、奈良県下の秋祭における事例が報告されているように（浦西勉「村落における神仏習合の伝承—ザクロの伝承—」『奈良県立民俗博物館紀要』八号、のち改題して『仏教と宮座の研究』自照社出版、二〇一〇年に所収）、飲み物として勧めるよりは違和感が軽くなります。

しかし、私は、このように設定をいじるよりも、柘榴であることを疑ってみたいのです。道真の霊が訪れたのは午前三時の暗闇ですが、このとき尊意は観想中でしたから、灯りは点けていなかったでしょう。ここで、突飛な連想に聞こえるかも知れませんが、尊意は「柘榴をすすめた」のではなく、「灯りをともした」のではなかったか。

尊意は灯明を準備したが、業を煮やした道真はその灯明の油を口に含み吐き出した。灯明油ですから燃え上がっても不思議ではない。油を口に含んで炎を吐く大道芸がありますが、あのイメージです。燃え上がるのは、柘榴よりも油のほうが似つかわしい。果たして、平安時代に同様の芸があったか否かは寡聞にして知りませんが。それはともかく、そしてここがミソなのですが、その灯明油は「ツバキ油」だったに違いない。

実は、ツバキは「椿」のほかに「海石榴」とも表記していました。もともと日本から中国に伝わったツバキは、中国では「海柘榴」や「海石榴」「海榴」などと書かれていたのですが、それを日本にもち込み、日本では「椿」を「ツバキ」と読み、「海柘榴」とも書いたのです。

そこで、この「柘榴」と「海柘榴」の字面の類似により混同されたのではないか、というのが私の推測です。

事実、平安時代に「柘榴」と「海柘榴」を混同している事例があるのです。『古今和歌六帖』（九七六〜九八二）は、『万葉集』などから四〇〇〇首以上の和歌を採り、「歳時」や「草虫木鳥」などに分類して収録していますが、その分類項のうち「椿」に四首、「柘榴」に一首が収められているのです。「柘榴」に分類された一首とは、次の歌（読人不知）でした。

足曳の　山石榴咲く　八みね越し　鹿待つ君が　祝ひまつかも

「足曳《あしひき》の」は「山」にかかる枕詞。「山石榴」を「ヤマザクロ」と読んで「柘榴」に分類してしまったのです。ところが、『万葉集』の万葉仮名で書かれた原文をみると、次のように記されており、「ザクロ」でないことは明らかです。

足病之　山海石榴開　八峯越　鹿待君之　伊波比嬬可聞

「山海石榴」とありますから、正しくは「ヤマツバキ」のことでした。念のため、『新日本古典文学大系』2（岩波書店、二〇〇〇年）で確認すると、現在では正しく「ツバキ」と読み「椿」を当てていました。

あしひきの　山椿咲く　八つ峰越え　鹿待つ君が　斎ひ妻かも

その歌意は「山椿の咲く山々を越えて、あなたが鹿を狩って帰って来るのを、身を清めて待っている妻なのです」というところでしょうか。

なお、右の「鹿」は「シシ」と読みます。ここで最後の寄り道をお許しください。狩猟中心の時代には、食用のために狩る動物を「シシ」といいました。フランス料理で野生鳥獣の食材をジビエと総称するようなものです。「肉」も「シシ」と読みます。古代人は動物を見れば、「あっ、肉だ！」と思ったのです。猪は「イノシシ」ですが、鹿は「カノシシ」でした。獣は「ホジシ」です。「イ」の肉、「カ」の肉という感じですね。縄文時代の貝塚から発掘される獣の骨は、九割は鹿と猪だといいます。美味しかったので、「(イ) 一番おいしい肉」とか「(カ) 香りの良い肉」とか「(ホ) 干した肉」という呼び分けだったのでしょう (語源については諸説ありますが)。

ことばと概念については、内田樹先生がソシュールの『一般言語学講義』を下敷きに次のように説かれています (『寝ながら学べる構造主義』文春新書、二〇〇二年)。

「羊」はフランス語では「ムートン」と言います。英語にはフランス語の「ムートン」に対応する名詞が二つあります。一つは「シープ」です。これは白くてもこもこした生き物で、もう一つの「マトン」は食卓に供される羊肉のことです。英語では生きた羊と食べる羊は別の「もの」ですが、フランス語では同一の語がこの二つの「もの」を含んでいます。

私たちの遠い祖先は鹿や猪を食用の肉としか考えていなかった。やがて仏教思想の普及に伴い食肉の禁忌が広まると（それが建前であったとしても）、「イノシシ」や「カノシシ」から食肉の概念が消え、動物そのものを意味するように変わります。そして再び食用が一般化すると、「猪」と「ボタン（猪肉）」、鹿と「モミジ（鹿肉）」の使い分けが生じたという訳です。

さて、「柘榴」に戻ります。『古今和歌六帖』の編者は、「海柘榴」を「柘榴」だと勘違いしましたが、「柘榴天神説話」の場合も、同様のことがあったのではないか。当初は「海柘榴」の説話だったものが、字面の連想から「柘榴」に取って代わられた、というのが私の仮説です。

このような仮説を立てたのは、『北野天神縁起』が、喉の渇きを癒すために柘榴を勧めたとする不自然さが気になったからです。そして、これを不自然と感じるのは私だけではなく、『太平記』や『菅丞相』の作者も同じでした。そのため、もてなしの柘榴や、お供えの柘榴に書き直したというわけです。

　この仮説に立てば、午前三時の暗闇の中、客人をもてなすためにツバキ油の灯りをともしたことになり、唐突に柘榴を勧めるという不自然さも解消するように思うのですが、いかがでしょうか。さぁ、これから、この仮説を裏づける史料を捜すことにしましょう。

おわりに

それにしても、楽しく面白い作業でした。天神伝承のメッセージを読み解きながら、遥か昔の作者と対話している気分にもなりました。それは、言葉の裏を読むといえば下種っぽいので、作者の時代と心性に寄り添う作業と言い換えますが、その作業は日々の対人関係にも通底する気がしたのです。

私たちの日常会話は、交わされる言葉の辞書的な語釈だけでは成り立ちません。その言葉が発せられた状況やタイミング、あるいは双方の立ち位置のズレ、さらには互いの文化や教養、などなどを踏まえてこそ、意味のある対話が成立します。伝承への接し方も全く同じだったのです。

さて、本書では、天神伝承をテキストとしましたが、意図するところは、天神伝承に限らず、古今東西の神話・伝説を読み解く面白さをお伝えすることでした。各地に残る神話や伝説は、一読しただけでは、奇想天外で荒唐無稽にしかみえなくても、丁寧に読み解けば、思いもよらないメッセージが聞こえてくると冒頭に記しました。

たとえば「七本松伝承」の分析では、松が夜な夜な光り輝いたのは、星のメタファーであり、そこから天神信仰のベースに星辰信仰があったことを浮かび上がらせましたが、その作業は、実にウキウキする楽しいものでした。本書で、そのウキウキ感をお伝えできたでしょうか。

また、東アジアに広がる「照葉樹林文化論」を援用することにより、神道の〈榊〉と天神信仰の〈松〉を対比し、その結果、成立期天神信仰の非神道的な性格を指摘しました。それに気づきかけたときのワクワク感も忘れがたいものでした。そのワクワク感も共有いただけたでしょうか。

もし、あまり興味をもっていただけなかったとしたら、それはテキストに選んだ天神伝承のせいではなく、ひとえに私の筆力のなさが原因です。その場合は、皆さまにお詫びするとともに、これだけ豊かで興味深い伝承を語り伝えてくれた先人たちにも謝らなくてはなりません。とはいいながら…、内心では、きっとウキウキ、ワクワクしていただけたに違いないと信じてはいるのですが。

少し言い訳をさせてください。本書の意図が右のようなところにあったため、天神信仰が成立する過程でうごめいた動きのすべてには目配りできていません。本来、信仰が生まれる過程では、特に天神信仰のような全く新しい信仰を模索するときは、実に多種多様な要素が入り乱れるものです。

川の流れにたとえれば、天神信仰はいくつもの水源をもつ河川です。新しい〈カミ〉を祀り上げるミッションは、いくつもの水源から流れ出た水脈が支流へと成長しながら（なかには枯渇した水脈もあったはずです）、合流を繰り返して大河になるようなものです。

にもかかわらず、本書では天神信仰の大河に注ぎ込んだ支流の一部しか紹介できていません。天神信仰は、時の天変地異への社会不安（疫病・凶作・火災など）や、道真の怨霊への畏怖、星辰信仰に基づく疫病退散の願い、強い生命力を願う松樹信仰などの支流が注ぎ込んでいますが、これらのほかにも、本書では全く触れ得なかった「しだら神上洛事件」や、「道賢（日蔵）冥界譚」なども重要な支流でした。それらについては、改めて考える機会をもちたいと思います。

ではまた、ウキウキ、ワクワクを共有できます日を楽しみにしています。

最後に。本書は大阪大学出版会の岩谷美也子さんのお声掛けにより執筆したものです。岩谷さんには、最初の読者としても適切なご指摘をいただきました、厚く御礼申し上げます。

付録

『天満宮御絵伝』（大阪天満宮蔵）

〔縦一五七・五×八五・八㎝〕

各地の神社仏閣には、その創始の由来を物語る縁起が数多く伝えられています。それらのなかでも、最も数多く制作され、バラエティに富むのは「天神縁起」です。その代表作である『北野天神縁起絵巻』（北野天満宮蔵）は、根本縁起と位置づけられ、国宝に指定されています。各地の天満宮には、その類本が多数伝来しますが、興味深いのは根本縁起の忠実な模本にとどまらず、そこに各天満宮の創祀伝承に基づく場面を増補しているものがあることです。

ここにご紹介します『天満宮御絵伝』も、根本縁起に沿いながら、末尾部分に大阪天満宮独自の場面を補足しています。本『絵伝』の成立については、「御絵伝記」（大阪大学蔵・滋岡家文書）に次のように説明されています。

御絵伝記奉納は昔天満惣会所より氏地の面々申し談じ寄付なり。しかるに天保八年酉二月十九日、大塩平八郎乱暴の兵火にて焼亡。その後、天満惣年寄・薩摩屋仁兵衛殿、惣会所の土蔵に旧来残しある五幅の下絵を以て、京都画所預かり・土佐土佐守光孚にあつらえ、已前の通りに再画なり。表粧加えて奉納なりし也。右願主は天満惣会所氏地中なり。

すなわち、以前に天満惣会所が奉納した絵伝が、天保八年（一八三七）の「大塩の乱」で焼失したため、惣会所に保存されていた下絵をもとに、惣年寄の薩摩屋仁兵衛が、土佐光孚（一七八〇～一八五二）に「再画」させたというのです。天満惣年寄とは、大坂三郷のうち天満組の町政にあたった町役人の筆頭をいい、その事務所が惣会所です。

右の下絵は、寛永年間（一七四八～一七五一）に以前の『御絵伝』が奉納されたときのものですが、「再画」にあたっては、この下絵を忠実に模倣したというよりは、光孚が一定の補訂を行ったようです。「画伝再興と称する事」（大阪歴史博物館蔵・滋岡家文書）によれば、これを「再興」とするか「再画」とするかが議論されたといいますから、制作当初から「再画」の忠実度には見解の相違があったようです。

五幅の掛幅に仕立てられた本『絵伝』は、二五段四二場面からなり、幼児（道真）が化現する場面から、大阪天満宮の天神祭が斎行されるまでを描いています。通常の絵巻形式ではなく、掛幅に仕立てたのは、氏子・崇敬者を前に、各場面を指し示しながら「絵解き」をするためだったと思われます。

以下、各場面ごとに簡単な説明を加えましたが、そのタイトルは「御絵伝記」に記されたものを読みやすく修正しています。

①
②
③
④
⑤
⑥
⑦
⑧
⑨
⑩

第一幅

①菅公、梅花の許に生れ給う図

菅公は菅原是善の子として誕生したが、「天神伝承」では、突如、是善邸の南庭に五、六歳の小児として化現する。本図は、梅花の下の是善と菅公。

②菅原是善、花のもとにて拾い得給う図

是善が小児（菅公）に「どこの子か、何故ここにいるのか？」と問うと、「私には定まった家もなく、父母もいない。あなたを父と思いたい」と答えたため、二人は親子の契りを結んだという。

③菅原是善、試みに梅月の詩を賦しめ給う図

斉衡二年（八五五）、島田忠臣が一一歳の菅公に作詩させると「月夜見梅花」の詩を詠んだ（七八頁参照）。忠臣は、是善の高弟で菅公の教師、のち菅公の岳父となる。

④安慧法師、『顕戒論』の「序」を請い給う図

貞観八年（八六六）一一月、天台座主・安慧は『顕揚大戒論』を編纂し、その序文を是善に依頼したが、是善はまだ二一歳の文章生であった菅公に執筆を託した。

⑤都良香の許にて射芸稽古の図

貞観一二年（八七〇）、菅公が都良香邸を訪ねると、良香の門弟たちは、「菅公は学問には秀でているが、弓射は未熟に違いない」と考えて弓射を求めた。しかし、菅公は百発百中の腕をみせて門人たちを感嘆させた。

⑥権大納言・右大将を兼任の図

寛平九年（八九七）六月、藤原時平は大納言と左近衛大将、菅公は権大納言と右近衛大将に任じられた。しかし、翌月には菅公を重用してきた宇多天皇が、一一歳の敦仁親王（醍醐天皇）に譲位された。

⑦「菅家三代集」を奉り給う図

昌泰二年（八九九）二月、時平は左大臣、菅公は右大臣に任じられ、翌年八月には、菅公は漢詩文集『菅家文草』に、父是善の集『菅相公集』と祖父清公の集『菅家集』を添えて天覧に供した。

⑧法皇、詩会に寄せて関白の勅をやめ給う図

昌泰三年（九〇〇）正月、醍醐天皇は宇多法皇に相談のうえ、詩会を装って菅公を召し、関白就任を求めたが、菅公は時平の存在を理由に固辞した。本図は、詩作の賞として御衣を賜り朱雀院を辞する菅公。

⑨藤原時平、讒言の図

菅公が関白就任を求められたことを知った時平は、「菅公が、女婿の斎世親王（醍醐天皇の弟）の即位を企てている」と醍醐天皇に讒言した。この讒言によって菅公は左遷されることになる。

⑩藤原時平、巫祝に命じて菅公を呪う図

時平は、醍醐天皇への讒言だけではなく、源光・藤原定国・藤原菅根らと謀議し、巫祝に菅公を呪詛させた。しかし、菅公は自身や子孫が呪詛を逃れる手だてを施していたので事なきを得た。

⑫
⑪
⑬
⑭
⑯
⑮
⑰
⑱
⑳
⑲

第二幅

⑪法皇、菅公の左遷を悲しみ給う図

昌泰四年（九〇一）正月二五日、醍醐天皇が菅公を大宰権帥に左遷しようとしたことを知った宇多法皇は、天皇に翻意を求めるため御所に駆けつけたが、蔵人頭の藤原菅根らに阻まれて果たせなかった。

⑫左遷にのぞんで北の方・公達、涕泣の図

左遷に先立ち、菅公は自邸「紅梅殿」で家族や近習との別れを惜しまれ、「東風吹かば」の歌を詠まれた後に、太宰府へ出立された（八二頁参照）。この歌に感応した庭の梅は、太宰府の配所まで飛んだという。

⑬左遷の道中より北の方へ詠歌を贈り給う図

昌泰四年（九〇一）二月一日、自邸を出立した菅公は、都の妻（宣来子＝島田忠臣の娘）を想い「君が住む　宿の梢を　ゆくゆくも　隠るるまでは　返へり見しはや」と詠まれた。

⑭馬を河内国道明寺に寄せて伯母尼公に別れを告げ給う図

左遷途次の菅公は、道明寺へ立ち寄りって伯母の覚寿尼と夜を徹して別れを惜しんだが、一番鳥が鳴き出立を促されたため、「鳴けばこそ」の歌を詠んで、出立された（一四五頁参照）。

⑮博多の浦にて綱を敷きおわし奉る図

菅公は大将軍社（現、大阪天満宮の境内社）に参拝の後、船路で博多に向かい、上陸すると、艫綱を巻いて円座とされた。同様の綱敷天神伝承は各地に伝わる。

⑯太宰府にて御悲歎御述懐の図

延喜元年（九〇一）九月一〇日、太宰府の菅公は、前年の後朝の宴において醍醐天皇から賜った御衣を配して、その余香に涙され、断腸の思いを「九月十日」の漢詩に詠まれた。

⑰九月十三日夜、月を詠みて感涙を催し給う図

延喜三年（九〇三）正月、菅公は太宰府での詩作四六首を『菅家後集』に編集して都の紀長谷雄に贈った。長谷雄は、菅公が十三夜の名月に都の生活を偲んで詠んだ詩に接し、その境遇を歎き悲しんだという。

⑱天拝山にて無罪を天へ訴え給う図

菅公は、冤罪をそそぐために天拝山に登り、自らの潔白を祭文に認めて天道に祈られた。七日七夜の満願の日、祭文は天高く昇り、菅公は「天神」となった。

⑲五十九歳にして薨去し給う図

延喜三年（九〇三）二月二五日、菅公は太宰府において、五九歳で薨去された。左遷詔勅が一月二五日、薨去が二月二五日で、誕生も六月二五日とされるため、毎月二五日は天満宮の祭日となっている。

⑳筑紫の安楽寺に葬り奉るの図

菅公の轜車（貴人の霊柩車）を牽く牛が墓所への途中に臥して動かなくなったため、人々はそれを菅公の遺志であると考えて同地を墓所とし、延喜五年（九〇五）には祠廟（安楽寺＝太宰府天満宮の前身）を創建した。

㉑
㉒
㉔
㉓
㉕
㉖
㉗

第三幅

㉑菅霊、法性坊に現して柘榴を吐き給う図

天台座主・法性坊尊意のもとに菅公の霊が現れ、「これから御所へ行き冤罪の仇を討とうと思うので、もしも醍醐天皇が尊意に法力で遮るようにと命じても辞退してほしい」と求めた。しかし尊意は拒否して柘榴を勧めた。怒った菅公は柘榴を口に含んで吐き出すと、炎となって妻戸に燃え移ったが、尊意は法力で消火した。

㉒菅霊の祟りにて、讒奏せし人を天の怒りにて雷電激動の図

御所の空に雷と稲妻が鳴り響き、清涼殿では公卿たちが逃げまどったが、藤原時平は太刀をかざし、「生前の菅公より私が上席であった。たとえ雷神となっても私に祟るのは道理に合わない」と説いたという。

㉓法性坊尊意に勅して、天の怒りを鎮めしめ給う図

醍醐天皇は、尊意に法力で菅公の霊力を抑えるように命じられた。これに応えて尊意は御所に向かうが、菅霊によって賀茂川は氾濫し、その行く手をさえぎったため、尊意は法力で氾濫を鎮めて参内した（尊意渡河）。

㉔醍醐天皇に見えて、讒臣を退け国家安穏を忠告し給う図

菅公が清涼殿に現れて、大宰権帥への左遷は冤罪であったこと、時平らの讒臣を退けるよう醍醐天皇に訴えた。ほかの「天神縁起絵巻」の同場面では、雲に乗って清涼殿の上空に現れる菅公の姿が描かれることが少なくなく、それが「雲中天神像」のモチーフとなっている。

㉕左遷証書を破棄する使いを太宰府へ遣さる、の図

延喜五年（九〇五）太宰府では味酒安行が神託によって祠廟を建て、菅公を「天満大自在天神」として祀った。ついで、左大臣・藤原仲平は勅を奉じて太宰府に下り、延喜一九年（九一九）に社殿を建立した。延長元年（九二三）菅公を大宰権帥に左遷した詔書は破棄され、その使者が太宰府に遣わされた。

㉖藤原家への祟りにより、勅して前官復任の図

延長元年（九二三）四月の頃、醍醐天皇の従兄弟にあたる源公忠が頓死し、冥界で菅公に出会った。その三日後に蘇生した公忠は、醍醐天皇に「菅公は自身の左遷は穏当ではないと訴えていた」と報告するとともに、改元すべきことを願った。天皇は、菅公を本官の右大臣に復し、正二位を追贈するとともに「延喜」を「延長」に改元された。

㉗藤原清貫・平希世、天の怒りにて火雷にうたる、図

延長八年（九三〇）六月、清涼殿で貴族たちが雨乞いの対策を会議していたところに、菅公の眷属たちが雷神となって清涼殿に落雷した。大納言の藤原清貫が即死し、右中弁の平希世が顔に大火傷をするなどの被害があったが、人々はこれを菅公の怨霊の仕業と恐れたという。ほかの「天神縁起絵巻」とは異なり、本図では雷の姿を描かずに、雷雲だけで落雷を表現している。

㉘
㉙
㉚
㉜
㉛
㉝
㉞

第四幅

㉘日蔵上人、冥府において醍醐天皇の天顔を拝する図

延長八年（九三〇）九月、清涼殿の落雷から三カ月後に、醍醐天皇は崩御された。承平四年（九三四）、金峯山の笙の岩屋で修行していた日蔵（道賢ともいう）は頓死し、冥界をめぐって醍醐天皇に拝謁した。一三日後に蘇生した日蔵は「菅公を左遷した罪により、醍醐天皇は地獄に落ち苦難を受けている」と、朱雀天皇に奏上した。それを聞いた朱雀天皇は、法華経一千部を書写し、善根を積まれることになる。

㉙菅霊、七条の巫女に託し給ひ、初めて御鎮座の図

天慶五年（九四二）七月、西京七条二坊の多治比文子に「右近の馬場（北野）に社殿を建て祭祀すべし」という菅公の神託があったが、文子は自身の身分をはばかり、北野ではなく自庭に小祠を建てて天神を祀った。現在、京都市下京区に文子ゆかりの「文子天満宮」が鎮座している。

㉚菅霊、江州比良の小児にまた託し給う図

天慶九年（九四六）、先の文子へ神託に続いて、近江国比良宮の神職・神良種の子の太郎丸にも「右近の馬場に松を植えて、法華三昧堂を建立すべし」という菅公の神託があった。現在、滋賀県志賀町に太郎丸ゆかりの「比良天満宮」が鎮座している。

㉛一夜に千本の松生え出る図

太郎丸から神託の内容を聞いた神良種が、右近の馬場で朝日寺の僧・最鎮・法儀・鎮西らと社殿造営の相談をしていると、一夜のうちに松が生い茂り松林になったという（千本松伝承）。

㉜北野天満宮、御造営の図

天暦元年（九四七）六月、北野の地に社殿の造営が始まり、その後、増築が繰り返された。特に天徳三年（九五九）の右大臣・藤原師輔による神殿の増築以後、その神威が広まったという。師輔は菅公の政敵であった時平の弟、忠平の子にあたる。藤原一族のうち、忠平の子孫が繁栄したのは、菅公を篤く崇敬したためという。

㉝北野天満宮、神殿御成就の図

北野天満宮が完成すると、貴人から庶民まで広く崇敬を集め、数多くの老若男女が参詣した。永延元年（九八七）八月四日に勅使が伝えた宣命には「北野に坐す天満宮天神」とあり、以後「北野天満宮」と呼ばれるようになった。なお現在の社殿は、慶長一二年（一六〇七）に豊臣秀頼が造営したもの。

㉞天徳年中の天災にて、恐れ多くも内裏回録の図

天徳四年（九六〇）、朝日寺の最鎮は北野の上空に黒雲が起こり、内裏に落雷する夢を見たが、まもなく現実に内裏が焼失した。その後も、円融天皇の貞元元年～天元五年（九七六～九八二）の間に、内裏は三回も焼失した。

㊱
㉟
㊲
㊴
㊳
㊵
㊶
㊷

第五幅

㉟内裏を造立する図

菅公の祟りにより内裏が焼失したため、番匠たちは建材に鉋をかけた。しかし、翌朝には虫食い跡によって、「作るとも またも焼けなむ 菅原や むねのいたまの 有らむ限りは」という歌が刻されていた（「棟の板間」と「胸の痛み」を掛けている）。

㊱菅公に太政大臣が追贈される図

延長元年（九二三）に左遷の詔書が破棄されても、菅公の祟りは鎮まらず、正暦四年（九九三）五月、菅公の子孫・菅原幹正を勅使として太宰府に遣わして「左大臣・正一位」を追贈、さらに同年閏十月、菅公の子孫・菅原為理を勅使として「太政大臣」を追贈した。

㊲北野神輿両京へ進幸の図

永延元年（九八七）八月四日、一条天皇により初めて勅祭を斎行され（現在の例大祭の起源）、一条西の大宮から神輿が渡御した。翌五日には、初めて官幣が遣わされ、さらに寛弘元年（一〇〇四）には一条天皇が初めて行幸されている。

㊳一夜に七本の松生え出る図

天暦三年（九四九）、大将軍社（現、大阪天満宮境内摂社）の前に一夜にして七本の松が生え、夜な夜なその梢は光り輝いた。村上天皇の勅使は同地での旅寝の夢に「我は天満神也、難波の梅の花に愛でて筑紫より爰に来」たと聞こえたので、社殿を建てて祭るようにと託宣した（七本松伝承）。

㊴勅ありて諸国に菅霊社を造立する図

北野天満宮の後、各地に天満宮の創祀が相次いだ。天暦三年（九四九）には、大将軍社前の七本松について報告を受けた村上天皇は、かつて菅公が大将軍社に参拝した故事から、これを菅公に縁りの奇瑞として大阪天満宮を創建された。

㊵社頭の浜より鉾流神事の図

天暦五年（九五一）、社頭の浜から神鉾を流し、神鉾の漂着地にその年限りの御旅所を仮設する「鉾流神事」を斎行され、これ以後、天神祭が始まった。江戸前期に御旅所が常設されると、鉾流神事は中止されたが、昭和五年（一九三〇）に復興されて、毎年七月二四日の朝に斎行されている。

㊶六月戎島御旅所において御祓修行の図

大阪天満宮の御旅所は、江戸前期に鷺島（のち雑候場。現、西区京町堀）に常設され、やがて戎島（のち梅本。現、西区川口）を経て、明治初年に松島（現、西区千代崎）に遷り、現在に至る。

㊷六月廿五日天神祭船渡御の図

江戸時代の天神祭は、菅公の誕生日である六月二五日（旧暦）に斎行され、本図のように鳳神輿（菅公を奉戴）と玉神輿（法性坊尊意を奉戴）を中心に渡御した。明治初年には、菅公を奉戴する御鳳輦が新しく登場し、また祭日も七月二五日（新暦）に変更されて現在に至っている。

髙島　幸次（たかしま　こうじ）

1949年大阪生まれ。龍谷大学大学院文学研究科修士課程修了。大阪大学招聘教授、追手門学院大学客員教授、大阪天満宮文化研究所研究員などを兼務。夙川学院短期大学名誉教授。近江地方史および天神信仰史を専攻。主な著作として『本願寺史料集成　元和日記』(同朋舎出版)、『大阪天満宮の歴史』(共著、思文閣出版)、『天満宮御神事御迎船人形図会』(東方出版)、『大阪の神さん仏さん』（共著、140B）や、『新修大津市史』『野洲の部落史』など滋賀県下の地方誌史多数。NPO法人上方落語支援の会理事、天満天神繁昌亭大賞選考委員なども勤める。

阪大リーブル53

奇想天外だから史実
――天神伝承を読み解く――

発行日　2016年3月30日　初版第1刷　〔検印廃止〕

著　者　髙島　幸次

発行所　大阪大学出版会
代表者　三成　賢次
〒565-0871
大阪府吹田市山田丘2-7　大阪大学ウエストフロント
電話：06-6877-1614（直通）　FAX：06-6877-1617
URL　http://www.osaka-up.or.jp

印刷・製本　株式会社 遊文舎

ISBN 978-4-87259-438-6　C1321

HANDAI Live

阪大リーブル

- 001 **ピアノはいつピアノになったか？**（付録CD「歴史的ピアノの音」） 伊東信宏 編 定価 本体1700円+税
- 002 **日本文学 二重の顔** 〈成る〉ことの詩学へ 荒木浩 著 定価 本体2000円+税
- 003 **超高齢社会は高齢者が支える** 年齢差別《エイジズム》を超えて創造的老い《プロダクティブエイジング》へ 藤田綾子 著 定価 本体1600円+税
- 004 **ドイツ文化史への招待** 芸術と社会のあいだ 三谷研爾 編 定価 本体2000円+税
- 005 **猫に紅茶を** 生活に刻まれたオーストラリアの歴史 藤川隆男 著 定価 本体1700円+税
- 006 **失われた風景を求めて** 災害と復興、そして景観 鳴海邦碩・小浦久子 著 定価 本体1800円+税
- 007 **医学がヒーローであった頃** ポリオとの闘いにみるアメリカと日本 小野啓郎 著 定価 本体1700円+税
- 008 **歴史学のフロンティア** 地域から問い直す国民国家史観 秋田茂・桃木至朗 編 定価 本体2000円+税
- 009 懐徳堂 **墨の道 印の宇宙** 懐徳堂の美と学問 湯浅邦弘 著 定価 本体1700円+税
- 010 **ロシア 祈りの大地** 津久井定雄・有宗昌子 編 定価 本体2100円+税
- 011 懐徳堂 **江戸時代の親孝行** 湯浅邦弘 編著 定価 本体1800円+税
- 012 **能苑逍遥㊤ 世阿弥を歩く** 天野文雄 著 定価 本体2100円+税
- 013 **わかる歴史・面白い歴史・役に立つ歴史** 歴史学と歴史教育の再生をめざして 桃木至朗 著 定価 本体2000円+税
- 014 **芸術と福祉** アーティストとしての人間 藤田治彦 編 定価 本体2200円+税
- 015 **主婦になったパリのブルジョワ女性たち** 一〇〇年前の新聞・雑誌から読み解く 松田祐子 著 定価 本体2100円+税
- 016 **医療技術と器具の社会史** 聴診器と顕微鏡をめぐる文化 山中浩司 著 定価 本体2200円+税
- 017 **能苑逍遥㊥ 能という演劇を歩く** 天野文雄 著 定価 本体2100円+税
- 018 **太陽光が育くむ地球のエネルギー** 光合成から光発電へ 濱川圭弘・太和田善久 編著 定価 本体1600円+税
- 019 **能苑逍遥㊦ 能の歴史を歩く** 天野文雄 著 定価 本体2100円+税
- 020 懐徳堂 **市民大学の誕生** 大坂学問所懐徳堂の再興 竹田健二 著 定価 本体2000円+税
- 021 **古代語の謎を解く** 蜂矢真郷 著 定価 本体2300円+税
- 022 **地球人として誇れる日本をめざして** 日米関係からの洞察と提言 松田武 著 定価 本体1800円+税
- 023 **フランス表象文化史** 美のモニュメント 和田章男 著 定価 本体2000円+税
- 024 懐徳堂 **漢学と洋学** 伝統と新知識のはざまで 岸田知子 著 定価 本体1700円+税
- 025 **ベルリン・歴史の旅** 都市空間に刻まれた変容の歴史 平田達治 著 定価 本体2200円+税
- 026 **下痢、ストレスは腸にくる** 石蔵文信 著 定価 本体1300円+税
- 027 セルフメディケーションのための **くすりの話** 那須正夫 著 定価 本体1100円+税
- 028 **格差をこえる学校づくり** 関西の挑戦 志水宏吉 編 定価 本体2000円+税
- 029 **リン資源枯渇危機とはなにか** リンはいのちの元素 大竹久夫 編著 定価 本体1700円+税
- 030 **実況《ライブ》・料理生物学** 小倉明彦 著 定価 本体1700円+税

031 **夫 源 病**
こんなアタシに誰がした
石蔵文信 著
定価 本体1300円+税

032 **ああ、誰がシャガールを理解したでしょうか？** CD付
二つの世界間を生き延びたイディッシュ文化の末裔
圀府寺司 編著
定価 本体2000円+税

033 懐徳堂 **懐徳堂ゆかりの絵画**
奥平俊六 編著
定価 本体2000円+税

034 **試練と成熟**
自己変容の哲学
中岡成文 著
定価 本体1900円+税

035 **ひとり親家庭を支援するために**
その現実から支援策を学ぶ
神原文子 編著
定価 本体1900円+税

036 **知財インテリジェンス**
知識経済社会を生き抜く基本教養
玉井誠一郎 著
定価 本体2000円+税

037 **幕末鼓笛隊**
土着化する西洋音楽
奥中康人 著
定価 本体1900円+税

038 **ヨーゼフ・ラスカと宝塚交響楽団**
（付録ＣＤ「ヨーゼフ・ラスカの音楽」）
根岸一美 著
定価 本体2000円+税

039 **上田秋成**
絆としての文芸
飯倉洋一 著
定価 本体2000円+税

040 **フランス児童文学のファンタジー**
石澤小枝子・高岡厚子・竹田順子 著
定価 本体2200円+税

041 **東アジア新世紀**
リゾーム型システムの生成
河森正人 著
定価 本体1900円+税

042 **芸術と脳**
絵画と文学、時間と空間の脳科学
近藤寿人 編
定価 本体2200円+税

043 **グローバル社会のコミュニティ防災**
多文化共生のさきに
吉富志津代 著
定価 本体1700円+税

044 **グローバルヒストリーと帝国**
秋田茂・桃木至朗 編
定価 本体2100円+税

045 **屛風をひらくとき**
どこからでも読める日本絵画史入門
奥平俊六 著
定価 本体2100円+税

046 **アメリカ文化のサプリメント**
多面国家のイメージと現実
森岡裕一 著
定価 本体2100円+税

047 **ヘラクレスは繰り返し現われる**
夢と不安のギリシア神話
内田次信 著
定価 本体1800円+税

048 **アーカイブ・ボランティア**
国内の被災地で、そして海外の難民資料を
大西 愛 編
定価 本体1700円+税

049 **サッカーボールひとつで社会を変える**
スポーツを通じた社会開発の現場から
岡田千あき 著
定価 本体2000円+税

050 **女たちの満洲**
多民族空間を生きて
生田美智子 編
定価 本体2100円+税

051 **隕石でわかる宇宙惑星科学**
松田准一 著
定価 本体1600円+税

052 **むかしの家に学ぶ**
登録文化財からの発信
畑田耕一 編著
定価 本体1600円+税

053 **奇想天外だから史実**
―天神伝承を読み解く―
髙島幸次 著
定価 本体1800円+税

（四六判並製カバー装。定価は本体価格＋税。以下続刊）